工会工作实务丛书

职代会提案工作实用手册

吕明霞◎编著

中国工人出版社

图书在版编目（CIP）数据

职代会提案工作实用手册 / 吕明霞编著. —北京：中国工人出版社，2020.5
ISBN 978-7-5008-7411-9

Ⅰ. ①职…　Ⅱ. ①吕…　Ⅲ. ①工会工作—中国—手册
Ⅳ. ①D412.6-62

中国版本图书馆CIP数据核字（2020）第080101号

职代会提案工作实用手册

出 版 人	王娇萍
责任编辑	赵晨羽　张姗姗
责任印制	栾征宇
出版发行	中国工人出版社
地　　址	北京市东城区鼓楼外大街45号　邮编：100120
网　　址	http://www.wp-china.com
电　　话	（010）62005043（总编室）（010）62005039（印制管理中心） （010）82075935（工会与劳动关系分社）
发行热线	（010）62005996　82029051
经　　销	各地书店
印　　刷	北京市密东印刷有限公司
开　　本	710毫米×1000毫米　1/16
印　　张	9.25
字　　数	120千字
版　　次	2020年7月第1版　2024年9月第6次印刷
定　　价	32.00元

前言

PREFACE

习近平总书记曾指出，民主不是装饰品，不是用来做摆设的，而是要用来解决人民要解决的问题的；社会主义协商民主，应该是实实在在的、而不是做样子的，应该是全方位的、而不是局限在某个方面的；在中国社会主义制度下，有事好商量，众人的事情由众人商量，找到全社会意愿和要求的最大公约数，是人民民主的真谛。

民主政治的发展是一个不断学习实践和探索创新的过程。基层民主作为推动经济社会发展的催化剂和推进器，既需要有相应法律政策的制度保障，又需要对民众进行民主意识的启迪、培育和引导。党的十八大以来，以习近平同志为核心的党中央对推动企事业单位民主管理工作提出了新的更高要求，把落实职工的民主政治权利作为落实以人民为中心的发展思想的具体体现，作为发展社会主义民主制度的重要举措，作为改革发展的成果由人民共享的生动实践，作为促进企业发展、维护职工合法权益、实现社会和谐稳定的重要制度安排，贯穿于全面深化改革始终。

职代会是我国企事业单位实行民主管理的基本形式，是广大职工参与企事业单位民主决策、民主管理、民主监督的基本制度，是加强基层民主政治建设的重要措施，是协调劳动关系、维护职工合法权益的重要制度安排。职代会提案工作是职代会的重要工作制度之一，是提高职代会运行质量的重要环节。职代会提案工作是职工代表履行职责、行使民主权利、参与企事业单位管理的重要形式；是工会组织职工对企事业单位进行民主管理、民主监督和维护职工利益的有效载体；是企事业单位行政尊重职工群众的主体地位、听取职工群众的意见和建议、完善单位决策和改进单位管理的重要平台。

企事业单位的民主建设既是国家法律和政策的要求，也是单位管理民主化、科学化的内在要求。企事业单位应按照有关法律法规及政策规定，积极推进民主建设，充分发扬民主，广开言路，广泛征求职工对单位改革、发展、建设的意见和建议，最大限度地落实职工的民主权利，从而调动职工的积极性、创造性，激发职工的主人翁责任感，群策群力地推动企事业单位和职工的共同发展。

为指导企事业单位更有效地开展职代会提案工作，我们仔细梳理了相关资料，并结合多年的工作指导经验，认真编写了这本工作实用手册。这本书以问答体的形式重点介绍了职代会提案工作的基本知识，并从注重实用性与可操作性的角度，引用穿插了部分单位的相关案例和工作范例。希望本书能对企事业单位推进职代会提案工作及广大职工代表参与撰写职代会提案具有较高的参考价值。但由于编者水平有限，书中难免有疏漏或不当之处，敬请各位读者批评指正。本书在编写过程中，参考了诸多学者的著作资料，并引用了部分单位的案例材料，在此一并表示感谢！

编　者

2020 年 4 月

目录

contents

第一章 Chapter 1 职代会制度相关知识

第二章 Chapter 2 职代会提案工作基础知识

第三章 Chapter 3 企事业单位工会如何做好职代会提案工作

第四章 Chapter 4 职工代表如何撰写职代会提案

附　录

第一章

职代会制度相关知识

职代会提案工作实用手册

1. 什么是职代会制度?

职代会制度是指包括经营管理者与劳动者在内的全体职工，通过职工代表大会（或职工大会）实行民主管理所必须共同遵守的运行规程和活动准则。职代会制度不是简单地召开一次会议，而是根据法律规定，按照一定的标准，履行一定的程序建立的一项企事业单位民主管理制度。它包括组织制度、职权界定、工作制度、选举罢免制度等组织建设规则。

对于职代会的性质，我国《全民所有制工业企业法》第 50 条规定，职工代表大会是企业实行民主管理的基本形式，是职工行使民主管理权力的机构。《企业民主管理规定》第 3 条规定："职工代表大会（或职工大会，下同）是职工行使民主管理权力的机构，是企业民主管理的基本形式。"这些规定表明，职代会制度是企业民主管理制度的一部分；是包括经营管理者在内的全体职工参加企业管理的制度；是广大职工依法享有知情权、表达权、参与权、监督权，以及一定程度的选举权、决策权等民主管理权力的机构；是企业实行民主管理的基本形式。根据《学校教职工代表大会规定》第 3 条规定，学校教职工代表大会是教职工依法参与学校民主管理和监督的基本形式。

基于以上职代会的性质，其内涵包括以下几个层面：第一，职代会是一个"行使权力"的机构，即法律赋予它在一定范围内可以决定有关事项的权力。这与权利不同，因为权利是法律规定的可以作为或可以不作为的一种许可，有依照法律享有利益的自由，而权力意味着具有强制力和支配作用。第二，职代会行使的权力，不是企业方的行政权力，而是企业职工民主管理的权力，主要表现在审议企业重大决策和维护职工合法权益等方面的权力。第三，职代会行使的职工民主管理的权力，是集体权力，是代表全体职工行使的权力，而不是少数职工代表个人的权力。这就要求职工代表在行使权力时，要坚持民主原则，事先充分听取选举单位的意见。第四，在市场经济条件下，职代会是企业内部重要的劳动关系协调机制，通过利益表达与沟通协商，使不同利益诉求在规范有序的框架内得以协调，最终形成相对公正合理的利益格局，维护企业劳动关系的和谐稳定。第五，职代会是企业民主管理的基本形式，尽管不是唯一形式，但却是最主要、最基础，也是最核心的形式。

从职代会的代表组成、组织制度、工作制度等方面来看，职代会制度是一种民主制度。职代会制度以审议企事业单位重大决策、监督行政领导、维护职工的合法权益为主要任务，以最终实现企事业单位与职工的共同发展为目标，充分体现了我国基层民主政治建设的深刻内涵和独特作用。尽管在其他国家的企业内部有相关的劳资沟通民主制度，并在保障员工权益、平衡劳资关系方面发挥了一定的作用，但是却没有类似于职代会的制度。所以，职代会制度是具有中国特色的企事业单位民主管理制度。

2. 职代会与其他民主管理制度有何关系?

企事业单位的民主管理制度主要有以下四种：一是职代会制度。职代会是企事业单位实行民主管理的基本形式，有明确的法律地位和法定职权。二是厂务公开制度。厂务公开是指企事业单位依照相关法律法规的规定，将与本单位发展和广大职工切身利益密切相关的事项，通过适当的形式向广大职工公开，吸收广大职工参与决策、管理和监督的民主管理制度。厂务公开强调的是职工的知情权，这是实现职工民主监督和管理的前提和重要环节。三是职工董事和职工监事制度。根据《公司法》的规定，国有独资公司和由两个以上国有企业或者两个以上国有投资主体设立的有限责任公司，应由职工民主选举一定数量的职工代表参加董事会，所有公司的监事会都应有公司职工民主选举一定数量的职工代表参加。四是平等协商和集体合同制度。平等协商是指工会代表职工与用人单位就涉及职工合法权益的事项进行谈判的行为。通过平等协商签订的书面协议就是集体合同。平等协商是集体合同的基础，集体合同是平等协商的结果。此外，还有职工民主管理委员会、民主议事会、劳资恳谈会等其他民主管理制度。

在上述民主管理制度中，职代会是企事业单位实行民主管理的基本制度；是民主管理制度体系中的基础和核心；是唯一能与其他民主管理制度产生交集的制度，起着统领作用，其他的民主管理制度是职代会制度的延伸、辅助和补充。如厂务公开以职代会为主要载体行使职权；职工董事与职工监事由职代会选举产生，并向职代会负责；集体合同草案必须经职代会讨论通过，这是集体合同生效的法定程序。其他民主管理制度，可以完善和充实职代会制度，并与职代会制度相辅相成，共同促进企事业单位完善管理制度。

3. 职代会制度有哪些作用?

（1）维护职工群众的合法权益。职代会作为一项民主制度，首先保障的是职工的民主政治权利，并通过民主政治权利的保障，维护广大职工的合法劳动经济权益。比如，法律赋予职代会对企业的集体合同和各项专项集体协议以及国有、集体企业的薪酬福利制度、转改制过程中的职工安置补偿方案等涉及职工切身利益的重要事项行使审议通过权。这些方案或事项通常都是职工最关心、最直接、最现实的利益问题，职工代表在职代会上具有对这些方案或事项以无记名方式投赞成票或否决票的权利，充分体现了职代会是保障职工合法权益的制度。另外，法律规定企业在制定、修改涉及职工切身利益的相关规章制度时，应当提交职代会讨论审议，充分听取职工意见，这也在一定程度上有助于维护职工的劳动权益。

（2）协调企事业单位内部利益关系。职代会制度的根本目的在于通过这一平台，组织引导职工正确反映诉求，实现利益表达方式的制度化和规范化。通过职代会制度协调和保障利益关系，化解单位的内部矛盾，防止职工的合法权益被侵犯，也防止无序的利益诉求，把无序的纷争化为有序的协商，促进劳动关系的和谐稳定。比如提交职代会审议或表决的有关方案，尤其是涉及职工切身利益的相关方案，不能由企业单方面决定，必须经过规范的民主协商程序，并经过各代表团（组）的充分讨论，在协商和审议的基础上进行表决。与此同时，职代会制度还能协调企业内部不同职工群众的利益矛盾，以少数服从多数为原则，有序化解利益矛盾，促进企业劳动关系的和谐稳定。因此，职代会制度的设计最大限度地发挥了协调利益的平台作用，保证公平和正义，促进企业与职工建立“相互尊重、平等合作、共谋发展、共享成果”的和谐劳动关系。

（3）促进企事业单位发展。由于职代会为广大职工参政议政搭建了制度平台，能够充分调动职工的积极性、主动性和创造性，并引导职工为企事业单位的发展积极献计献策，共同推动企事业单位持续健康的发展。这一动力机制的作用具体体现为两个方面：一方面，在职代会上，职工代表通过对企事业单位的发展规划、重大决策和劳动规章制度等事项行使审议建议权，发挥职工的民主参与作用，促进企事业单位的科学管理和民主决策；另一方面，职代会还通过在职工中广泛开展合理化建议活动和提案的征集活动，集聚职工的智慧力量，群策群力，共同推动企事业单位的发展。

（4）落实职工群众的民主监督权利。职代会是群众进行监督的重要载体之一。一方面，职代会通过对提案办理情况、审议通过的重要事项的落实情况、集体合同和专项集体协议的履行情况、企事业单位执行国家劳动法律法规的情况等事项行使审查监督权；另一方面，职代会对公司制企业中的职工董事和职工监事以及国有和集体企业的领导干部行使民主评议权。上述两项职权的行使能够有效发挥职工群众的监督作用，以权利制约权力，有助于完善企事业单位内部的民主制度。此外，厂务公开也借助职代会制度的平台，要求企事业单位在职代会上报告和公开有关事项，在一定程度上也推动了企事业单位的民主管理，并发挥了职代会民主监督的作用。

4. 职代会制度的责任主体是谁?

《企业民主管理规定》第3条规定，企业应当按照合法、有序、公开、公正的原则，建立以职工代表大会为基本形式的民主管理制度，实行厂务公开，推行民主管理。企业应当尊重和保障职工依法享有知情权、参与权、表达权和监督权等民主权利，支持职工参加企业的管理活动。因此，企业是职代会建制的责任主体，实行民主管理是企业的法定义务。

职代会要正常运作和发挥作用，需要有工作机构的具体组织、协调、运作、实施。相应的法律法规明确规定工会是职代会的工作机构。根据《工会法》《全民所有制工业企业法》《企业民主管理规定》的规定，工会是职代会的工作机构，负责职代会的日常工作，检查、督促职代会决议的执行。工会是职工权益的代表者和维护者，由工会担任职代会的工作机构，有利于工会有序地组织职工参与企事业单位民主管理、保障职工民主权利落到实处；有利于工会通过职代会制度平台，反映职工利益诉求，督促企事业单位在实现发展的同时兼顾职工利益，维护职工权益，实现企事业单位与职工的双赢。因此，由工会承担职代会工作机构的职责能够充分体现企事业单位民主管理的根本宗旨，也能确保职代会发挥其应有作用。

但是在具体的操作过程中，由于工会负责职代会的日常工作，导致部分企事业单位的领导认为建立健全职代会制度的责任主体是工会，所以对职代会的建立和运作漠不关心，甚至变相阻挠。个别企事业单位的经营管理者将职代会能否顺利审议通过议题和相关方案的压力直接强加于工会，而从未考虑议题和相关方案的合理性。因此，这里需要特别强调，工会仅是职代会的工作机构，职代会的建立和完善是企事业单位不可推卸的责任，企事业单位应当为职代会的建立和规范运作提供必要的支持和保障。

职代会制度是企事业单位的民主管理制度。因此，企事业单位应为职代会的运作提供必要的支持，保障职代会的各项法定职权落到实处。在执行职代会制度的过程中，企事业单位应当履行下列职责：一是在思想认识上和实际行动上将职代会制度纳入企事业单位的管理制度。要主动把每年召开职代会的工作作为本单位的重要工作，在职代会闭会期间，积极支持职工代表和有关民主管理专门委员会（小组）开展的日常民主管理活动。二是向职代会作相关工作报告。企事业单位要注重促进单位经营管理信息的公开化，增强决策的透明度；要鼓励职工代表以主人翁的态度积极参与企事业单位的各项管理事务，为推进企事业单位的经营管理和决策的科学化、民主化建言献策，发挥聪明才智。三是与工会协商制定提交职代会审议或审议通过事项的方案或草案。企事业单位要就提交职代会审议或审议通过事项的方案或草案，与工会进行充分的协商，认真听取和采纳职工群众对方案或草案的意见和建议，维护职工的合法权益。四是尊重职代会的意见和建议，责成本单位的有关职能部门认真落实职代会审议通过的重要事项和决议。企事业单位对职工代表在巡视检查中提出的整改意见，要责成本单位有关职能部门进行整改，对职代会确立的提案，要责成本单位有关职能部门认真落实。五是为职代会制度的实施提供必要的人员、经费和物质的支持与保证。

5. 职代会制度有哪些特征?

（1）代表的广泛性。职工代表是由职工群众民主选举产生的，可以代表职工参与民主管理活动。职工代表来自企事业单位的车间、班组、科室等部门，包括工人、技术人员、管理人员、劳务派遣工等各领域的工作人员，这使职代会具有广泛的代表性。所以，职代会作为一种以职工全员参与为基础的“代议制”民主形式，通过职工选举代表，与职工建立联系制度，成为反映民意、体现民主的主要平台。

（2）职权的全面性。职代会职权是法律赋予职工的民主权利，包括知情权、建议权、决定权、监督权和选举权。因为职代会职权涉及职工参与企事业单位管理的各个方面，单位行政不能随意更改和任意剥夺，所以其具有职权内容的法定性与全面性。

(3) 组织制度的完整性。职代会不是企事业单位可以随意召开的会议，而是通过设置职权，有组织、有制度保障的活动。职代会具有完整的组织制度和工作制度，把会议期间民主管理与闭会期间各项工作制度的运行有效对接，以及与企事业单位的经营管理、单位文化建设、其他民主管理制度对接，最大限度地发挥制度体系的优势，具有较强的可操作性。

(4) 议事规则的规范性。职代会以规范的民主程序确保各项议事内容的公正合理，并且职代会的决议、决定是按照少数服从多数的原则来实现不同群体利益间的总体均衡，因而具有议事规则的规范性。

(5) 法律效力的权威性。在长期实践和经验总结的基础上，《宪法》《劳动法》《工会法》《全民所有制工业企业法》《公司法》《劳动合同法》等法律都赋予职代会制度为中国特色企事业单位民主管理制度体系的主体地位，为职工行使民主权利提供法律制度的有力保证。所以，职代会的活动受法律法规保护，职代会做出的决议、决定具有约束力，也被社会所公认。

6. 职代会有哪些职权？

职代会具有以下四项法定职权：

(1) 审议建议权，也称为“听取和建议权”。它是指职代会对企事业单位的重大决策进行审议，并提出意见和建议的权力。

(2) 审议通过权，是指职代会对有关职工切身利益的重大事项表示认可或否决的权力。也称为“讨论通过权”，主要是指集体合同以及各项专项集体合同（协议）草案必须经职代会讨论通过，才能报送地方劳动行政部门。

（3）选举罢免权，是指职代会依法享有民主选举职工董事、职工监事等人员的权力。

（4）监督评议权，指职代会依法享有审查监督企事业单位经营管理、依法用工情况，评议、监督单位领导人员的权力等。

特别说明：由于充分考虑了不同性质企事业单位的特点，国有、集体及其控股企业、非公有制企业以及事业单位在执行职代会职权时有所不同。通常，国家对国有、集体及其控股企业的职代会职权有着更高的要求。

比如，根据《企业民主管理规定》第 13 条规定，职代会行使下列职权：

（1）听取企业主要负责人关于企业发展规划、年度生产经营管理情况，企业改革和制定重要规章制度情况，企业用工、劳动合同和集体合同签订履行情况，企业安全生产情况，企业缴纳社会保险费和住房公积金情况等报告，提出意见和建议；审议企业制定、修改或者决定的有关劳动报酬、工作时间、休息休假、劳动安全卫生、保险福利、职工培训、劳动纪律以及劳动定额管理等直接涉及劳动者切身利益的规章制度或者重大事项方案，提出意见和建议；

（2）审议通过集体合同草案，按照国家有关规定提取的职工福利基金使用方案、住房公积金和社会保险费缴纳比例和时间的调整方案，劳动模范的推荐人选等重大事项；

（3）选举或者罢免职工董事、职工监事，选举依法进入破产程序企业的债权人会议和债权人委员会中的职工代表，根据授权推荐或者选举企业经营管理人员；

（4）审查监督企业执行劳动法律法规和劳动规章制度情况，民主评议企业领导人员，并提出奖惩建议；

（5）法律法规规定的其他职权。

《企业民主管理规定》第 14 条规定，国有企业和国有控股企业职代会除按第 13 条规定行使职权外，行使下列职权：

（1）听取和审议企业经营管理主要负责人关于企业投资和重大技

术改造、财务预决算、企业业务招待费使用等情况的报告，专业技术职称的评聘、企业公积金的使用、企业的改制等方案，并提出意见和建议；

（2）审议通过企业合并、分立、改制、解散、破产实施方案中职工的裁减、分流和安置方案；

（3）依照法律、行政法规、行政规章规定的其他职权。

7. 职代会有哪些组织机构?

（1）职代会主席团。职代会可以设立主席团主持会议，但主席团并不是职代会的常设机构，也不是职代会的决策机构，只是在职代会会议期间的组织领导机构。主席团的主要职责是：①主持召开职代会，领导大会期间的各项活动，处理大会期间发生的问题；②听取和综合各职工代表团（组）对各项议题审议的意见，审议通过大会议程；③组织各代表团（组）审议列入大会议程的议案；④决定各代表团（组）和代表在会议期间提出的罢免案、质询案的审议程序；⑤研究大会议题中需要通过和决定的事项，草拟大会决议；⑥主持选举；⑦处理大会期间发生的其他问题。

主席团成员产生的程序是：①由企事业单位工会与职代会的各代表团（组）协商，提出主席团成员候选人名单；②提交职代会预备会议审议；③经职代会预备会议表决通过后，主席团正式成立。

（2）职代会专门委员会（小组）。职代会专门委员会（小组）是职代会依法行使职权的专门工作机构，隶属职代会领导，对职代会负责，其日常活动由企事业单位工会委员会负责组织。

职代会专门委员会（小组）的机构通常根据职代会行使的职权内容和实际需要进行设置。规模较大的单位一般分别设立生产经营、规章制度、薪酬福利、提案工作、民主评议等专门委员会（小组）。规模较小的单位通常设立一个综合性的民主管理专门委员会（小组）。

职代会专门机构的设立应当按照一定的民主程序进行，由企事业单位工会拟定组建专门机构及其组成人员的具体方案；召开工会委员会或代表团（组）长会议讨论，提出具体候选人名单，交给各代表团（组）征求意见；经职代会主席团审议后，正式提出各专门机构的候选人名单，然后提请职代会审议通过。职代会专门委员会（小组）的负责人由职工代表担任，其成员也可以聘请熟悉相关业务的非职工代表的普通职工。

专门委员会（小组）的主要工作职责是：①审议提交职代会的有关议案；②在职代会闭会期间，根据职代会的授权，审定属于本专门委员会（小组）分工范围内的事项，并向职代会报告予以确认；③检查、督促有关部门贯彻执行职代会决议和提案的处理；④办理职代会交办的其他事项。

（3）职代会联席会议。职代会联席会议是指在职代会闭会期间，根据职代会授权，为解决临时需要职代会审议或审查的某些重要问题而实行的工作形式。联席会议是职代会制度的重要组成部分，其所讨论的问题主要包括两个方面：一是职代会职权范围内的重要问题，二是职代会日常工作中的重要问题。职代会联席会议协商讨论解决的属于职代会职权范围问题的，必须提请下一次职代会确认。

职代会联席会议制度的建立有利于及时处理职代会闭会期间需要临时解决的重要问题，使民主管理日常化；有利于在市场经济下，帮助企业经营管理者及时制定正确决策；也有利于发挥企事业单位工会作为职工民主管理代表者、组织者的作用。

职代会联席会议由企事业单位工会负责召集，由工会委员、职工代表团（组）长、职代会专门委员会（小组）负责人等组成，还可以根据会议内容邀请单位领导人员或其他有关人员参加。被邀请的人员主要包括党政负责人、相关事项部门负责人和有业务专长的职工代表。邀请上述人员参加联席会议，一方面，可以请他们介绍有关情况和政策；另一方面，可以听取他们的意见，促使问题可以得到妥善解决。

8. 职代会有哪些基本规则?

（1）职代会每届任期为3年至5年。具体任期由职代会根据本单位的实际情况确定。

（2）职代会每年至少召开一次。职代会必须有全体职工代表的2/3以上出席，方可召开。

（3）职代会审议和审议表决的有关材料，应当在会议召开7日前，以书面形式送达职工代表。

（4）职代会选举和表决的相关事项，必须按照少数服从多数的原则，经全体职工代表的过半数通过。对重要事项的表决，应当采用无记名投票的方式分项表决。

（5）职代会在其职权范围内依法审议通过的决议和事项具有约束力，非经职代会同意不得变更或撤销。企事业单位应当提请职代会审议、通过、决定的事项，未按照法定程序审议、通过或者决定的无效。

9. 职代会有哪些会议流程?

（1）会议筹备。企事业单位和工会协商确定会议的议题和议程；企事业单位和工会协调相关职能部门起草提交大会审议和审议表决的相关材料；工会组织职工代表的选举、撤换、补选；做好大会的其他相关事项。

（2）职工代表团（组）讨论。职工代表团（组）应当组织职工代表讨论，由工会及时汇总整理职工代表团（组）的意见和建议。职工代表对涉及职工切身利益的重要事项意见分歧较大的，由企事业单位和工会根据职工代表的意见进行协商修改后，提交职代会再次审议。

职工代表团（组）的讨论环节在不同的企事业单位，其时间顺序会有所不同。国有企业和事业单位的职代会会议周期通常较长，分团

（组）讨论环节是在正式的会议期间进行，而部分非公企业职代会的召开时间只有 1 天甚至半天，并且分团（组）讨论环节是在预备会议之前进行。

（3）预备会议。在职代会召开前，企事业单位应当召开预备会议。预备会议由企事业单位工会组织召集，工会主席主持。预备会议的主要议程为：①审议职代会筹备工作情况的报告；②审议职工代表资格审查情况的报告；③审议通过职代会表决办法；④审议通过职代会主席团成员名单；⑤审议通过职代会议题和议程；⑥审议通过其他有关事项。

（4）正式会议。职代会正式会议由主席团推选的主持人主持。工作人员清点出席本次会议的职工代表人数，并向大会主持人报告。出席会议的职工代表达到全体职工代表人数的 2/3 以上，方可召开会议。正式会议的一般议程为：①会议主持人报告本次职代会代表出席的情况，确认职代会召开有效，宣布大会开始；②听取需要提交职代会审议或审议通过的有关工作报告，以及涉及职工切身利益事项方案或草案的情况说明和上一次职代会决议、提案和集体合同履行、处理、落实情况的报告；③听取需要接受职代会民主评议人员的述职、述廉报告；④审议讨论有关报告、方案或草案。职工代表应当充分表达意愿和诉求，提出意见和建议；⑤审议通过有关方案或草案；⑥对有关人员进行民主选举；⑦对有关人员进行民主测评；⑧形成决议，并进行大会总结。

（5）会后工作。企事业单位应当在职代会闭会后，向全体职工公布职代会审议通过的事项和决议。企事业单位工会及时整理和汇总相关材料，形成职代会文书档案。

10. 职代会有哪些工作制度？

（1）职代会的会议制度，如职工代表选举会议制度、职代会预备会议制度、代表团（组）长会议制度、主席团会议制度、职代会全体会议制度、代表团（组）长和专门工作委员会（小组）联席会议制度、专门工作委员会（小组）会议制度等。

（2）职代会提案制度，如提案征集制度、提案审查制度、提案反馈制度等。

（3）职代会选举表决制度，如职工代表的选举规则、程序事项的表决规则、重大事项的表决规则、职工代表的辞职、罢免规则等。

（4）调查研究制度，是指围绕企事业单位各个时期的中心工作以及生产经营管理和职工生活中的重大问题，有目的地进行调查研究的制度。

（5）职工代表巡视、检查等监督制度，是指对职代会决议的贯彻和提案落实的情况，以及职代会各专门委员会（小组）活动，部门（车间）、班组日常民主管理活动进行定期检查的制度。

（6）职代会的质量评估制度，是通过评估及时发现问题，找出差距，帮助整改，提高职代会运行质量。

（7）接待职工群众制度，是指企事业单位的党政工领导和部分职工代表轮流，定期或不定期接待职工群众来访的制度，以便及时了解职工群众的愿望和要求。

（8）职工代表质询、恳谈制度，是指企事业单位建立定期和不定期的领导干部与职工代表协商恳谈制度。

（9）职工代表培训制度，根据需要，对职工代表进行民主管理知识和企事业单位管理常识的入门教育、专题培训、定期轮训，其目的是提高职工代表的素质和参与能力。

（10）职工代表述职与激励制度，企事业单位建立职工代表述职评议制度和评选表彰优秀职工代表制度，其目的是提高职工代表的责任心和使命感，督促职工代表向选区职工负责，并根据他们的表现给予一定的鼓励，从而有效调动他们的工作积极性，加强职工代表与职工群众的密切联系。

（11）职工代表申诉、保护制度，职工代表的职责履行受法律保护，任何组织和个人不得阻挠和打击报复。企事业单位应建立相应的保障制度，以调动职工代表履职的积极性。

（12）职代会工作机构的工作制度和职代会工作档案管理制度等。

11. 如何理解职代会与工会的关系？

根据《工会法》的规定，工会是职工自愿结合的群众组织，维护职工的合法权益是工会的基本职责，会员代表大会是工会的最高权力机构。根据《中国工会章程》的规定，工会基层组织的会员大会或者会员代表大会，每年至少召开一次。工会会员大会或者会员代表大会的职权是：

（1）审议和批准工会基层委员会的工作报告。

（2）审议和批准工会基层委员会的经费收支情况报告和经费审查委员会的工作报告。

（3）选举工会基层委员会和经费审查委员会。

（4）撤换或者罢免其所选举的代表或者工会委员会组成人员。

（5）讨论决定工会工作的重大问题。

工会基层委员会的基本任务是：

（1）执行会员大会或者会员代表大会的决议和上级工会的决定，主持基层工会的日常工作。

（2）代表和组织职工依照法律规定，通过职工代表大会、厂务公开和其他形式，参加本单位民主管理和民主监督，在公司制企业落实职工董事、职工监事制度。企业、事业单位工会委员会是职工代表大会的工作机构，负责职工代表大会的日常工作，检查、督促职工代表大会决议的执行。

（3）参与协调劳动关系和调解劳动争议，与企业、事业单位行政方面建立协商制度，协商解决涉及职工切身利益问题。帮助和指导职工与企业、事业单位行政方面签订和履行劳动合同，代表职工与企业、事业单位行政方面签订集体合同或者其他专项协议，并监督执行。

（4）组织职工开展劳动和技能竞赛、合理化建议、技能培训、技术革新和技术协作等活动，培育工匠人才，总结推广先进经验。做好劳动模范和先进生产（工作）者的评选、表彰、培养和管理服务工作。

（5）加强对职工的政治引领和思想教育，开展法治宣传教育，重视人文关怀和心理疏导，鼓励支持职工学习文化科学技术和管理知识，开展健康的文化体育活动。推进企业文化职工文化建设，办好工会文化、教育、体育事业。

（6）监督有关法律、法规的贯彻执行。协助和督促行政方面做好工资、安全生产、职业病防治和社会保险等方面的工作，推动落实职工福利待遇。办好职工集体福利事业，改善职工生活，对困难职工开展帮扶。依法参与生产安全事故和职业病危害事故的调查处理。

（7）维护女职工的特殊利益，同歧视、虐待、摧残、迫害女职工的现象做斗争。

（8）搞好工会组织建设，健全民主制度和民主生活。建立和发展工会积极分子队伍。做好会员的发展、接收、教育和会籍管理工作。加强职工之家建设。

（9）收好、管好、用好工会经费，管理好工会资产和工会的企业、事业。

综前所述，职代会是企事业单位实行民主管理的基本形式，是职工行使民主管理权力的机构，具有 4 项法定的职权。因此，职代会与工会在组织性质、职权任务等方面都不尽相同。但是，两者在发展生产、促进管理、监督单位行政领导和维护职工合法权益等方面的义务是相同的。另外，工会与职代会的不同之处还有：一方面，职代会的代表是从全体职工中选举产生的，工代会是从全体会员中选举产生的；另一方面，工会所代表的利益与企事业单位的利益并不完全一致，特别是工会解决问题的方式与职代会有很大不同，企事业单位工会主要与行政交涉、协商，而职代会则是实行少数服从多数的票决制。但是，企事业单位工会与职代会依然有着极其密切的联系。

根据《企业民主管理规定》第22条规定，企业工会委员会是职工代表大会的工作机构，负责职工代表大会的日常工作，履行下列职责：

（1）提出职工代表大会代表选举方案，组织职工选举职工代表和代表团（组）长。

（2）征集职工代表提案，提出职工代表大会议题的建议。

（3）负责职工代表大会会议的筹备和组织工作，提出职工代表大会的议程建议。

（4）提出职工代表大会主席团组成方案和组成人员建议名单；提出专门委员会（小组）的设立方案和组成人员建议名单。

（5）向职工代表大会报告职工代表大会决议的执行情况和职工代表大会提案的办理情况、厂务公开的实行情况等。

（6）在职工代表大会闭会期间，负责组织专门委员会（小组）和职工代表就企业职工代表大会决议的执行情况和职工代表大会提案的办理情况、厂务公开的实行情况等，开展巡视、检查、质询等监督活动。

（7）受理职工代表的申诉和建议，维护职工代表的合法权益。

（8）向职工进行民主管理的宣传教育，组织职工代表开展学习和培训，提高职工代表素质。

（9）建立和管理职工代表大会工作档案。

在实践中，许多企事业单位为了减少会议的召开，将职代会与工代会结合起来召开，即“两会合一”。根据中华全国总工会2019年1月印发的《基层工会会员代表大会条例》第43条规定：“会员代表大会与职工代表大会应分别召开，不得互相代替。如在同一时间段召开的，应分别设置会标、分别设定会议议程、分别行使职权、分别作出决议、分别建立档案。”这一工作新要求需要广大企事业单位引起重视并遵照执行。

第二章

职代会提案工作基础知识

12. 什么是职代会提案?

职代会提案是职工代表提请职代会讨论、决定、处理的方案和建议，具体是指职工代表就单位的生产经营管理和职工普遍关心的问题，在广泛征集职工意见、调查研究的基础上，按照规定的程序，在规定的时间内向职代会提出，经提案工作委员会（小组）审查立案后，由单位相关部门或人员承办落实的书面意见和建议。

职代会提案的特点主要体现在以下几个方面：

（1）权利的明确性。职工代表汇集广大职工群众的意见并充分反映出来，落实到操作层面，从而实现职工参与企事业单位管理的权利。

（2）主体的指向性。一般只有当选为职工代表的职工，才能向职代会递交提案。

（3）内容的限定性。职工代表提出的提案，应当属于职代会的职权范围，超出范围的提案不予立案。

（4）程序的严格性。提案的征集和处理过程要遵循规范的流程。

13. 做好职代会提案工作有何作用和意义?

职代会提案工作是职代会的一项重要工作制度，是提高职代会运行质量的重要环节。做好职代会提案工作是职工代表行使民主决策、民主管理、民主监督的重要环节；是广大职工关心单位建设和发展，进一步促进企事业单位内部管理体制民主化、科学化的重要渠道；是广泛调动职工积极性、创造性，激发职工主人翁责任感，群策群力推动企事业单位发展的重要途径。具体来说，做好职代会提案工作的作用主要体现在以下三个方面：

（1）对企事业单位来说，做好职代会提案工作是集中群智、调动群力、集思广益、共促发展的重要方式。在实际工作中，许多企事业单位通过职代会提案工作，征集了许多职工代表提出的好意见和建议，为改善生产经营管理、促进单位发展起到了很好的推动作用。

（2）对工会组织来说，提案是职工参政议政的直接表达方式，是推进职代会工作群众化、民主化、法治化的关键。由于职工代表与广大职工走得更近，他们获得的信息往往比工会和有关部门来得及时、全面和真实。由职工代表以提案形式将职工的诉求通过组织程序反映出来，有利于维护职工的合法权益。

（3）对职工代表来说，提案是他们献计献策并展示自我能力的重要方式。通常来说，要提出一个好提案，职工代表必须站在全局的角度，密切联系职工群众，通过调研和分析思考，提出解决问题的对策、建议。所以，提出提案的过程，也是职工代表锻炼成长的过程。

14. 职代会提案工作有哪些基本原则？

（1）民主原则。职代会是一项基层民主制度，需要企事业单位充分发扬民主、拓宽民主管理渠道，倾听职工的意见和建议，妥善解决职工提出的难点、焦点问题。而且只有坚持民主原则，广开言路，凝聚广大职工的智慧和力量，才能真正收集到好建议、好提案。

（2）依法原则。企事业单位根据法律规定开展职代会提案工作；撰写提案是职工代表依法享有的权利和应履行的义务；提案的内容要在职代会职权范围内，职工代表所提出的意见和要求应当符合法律法规和政策的规定。

（3）促进企事业单位发展与维护职工权益相统一原则。职代会制度不仅是为了保障职工的民主权利，维护职工的合法权益，也是为了促进企事业单位的发展。职代会提案工作和职代会的宗旨与目标是一致的，既要维护职工权益，也要替企事业单位考虑，推动企事业单位的改革发展。因此，职工代表在撰写提案时，要有全局观，多从单位的角度进行思考，提出好建议。

（4）实事求是原则。职代会提案要考虑相关事项解决的条件及可能性。无论是提案人提出提案，还是工会或职代会提案工作委员会（小组）进行审查立案，都要考虑到本单位的实际情况，一切从实际出发。

（5）规范管理原则。职代会提案工作有严格的工作程序和规范化的要求，尤其是提案的征集、办理和督办等工作，事关提案的严肃性和可行性。因此，在处理提案工作时，要严格按程序进行，并强化执行力，确保职代会提案工作的实效。

15. 职代会提案包括哪些内容？

在职代会的职权范围内，涉及企事业单位生产经营管理和改革发展、职工权益维护等事项的，都可纳入职代会提案的范畴。如单位生产经营、决策管理、单位规章制度、工资福利、劳动保护、干群关系、教育培训、文化建设等方面。职代会提案的内容主要包括以下几个方面：

（1）涉及企事业单位重大决策的事项。如单位中长期发展规划；投资和生产经营重大决策方案；单位改革、改制方案；兼并、破产方案；重大技术改造方案；职工裁员、分流、安置方案等重大事项。

（2）企事业单位经营管理方面的重要事项。如年度生产经营目标及完成情况；财务预决算情况；工程建设项目的招投标情况；大宗物资采购供应情况；单位内部经济责任制落实情况；重要规章制度的制定情况等。

（3）涉及职工切身利益方面的事项。如劳动法律法规的执行情况；劳动合同、集体合同的签订和履行情况；职工工资奖金分配、奖罚与福利情况；职工社会保险金缴纳情况；专业技术职称的评聘情况；评先评优的条件、数量和结果情况；单位安全生产和劳动保护措施情况；职工的培训方案与计划落实情况等。

（4）单位党风廉政建设方面的事项。如职代会民主评议领导干部的情况；单位中层领导干部、重要岗位人员的选聘和任用情况；领导干部廉洁自律规定的执行情况；单位业务招待费的使用情况；单位主要领导干部的工资（年薪）、奖金、津贴、用车、通信工具以及出国出境的费用支出情况等。

微案例

A公司是一家具有外资背景的电子行业企业，年轻的员工较多，但公司的管理岗位较少。为此，有职工代表提出了在企业中增加培养人才通道的提案，即在原有的管理岗位序列之外，另增设“首席技师”“首席管理师”“首席检验师”等岗位，并被企业采纳。职工代表在第二年的职代会上，又提出建立包括职工代表参加的业务干部考评委员会，每年进行定期考核与评聘，以进一步完善考评机制。这一提案的落实既避免了员工上升空间受阻，引发员工之间的矛盾，又在企业内部营造了积极向上、公平竞争的良好氛围。

16. 职代会提案与合理化建议有哪些异同？

职代会提案与合理化建议都是企事业单位通过一定的形式广泛征集职工建议的民主活动，有助于企事业单位的发展。虽然两者都是表达职工的要求和愿望，但是也有不同点：

（1）性质不同。职代会提案是职工代表对企事业单位生产经营管理、薪酬福利、劳动保护、生活福利、教育培训等方面提请职代会讨论决定、立案处理的重大问题。职代会提案是具有中国特色的基层民主职代会制度的重要组成部分，是法定的职工民主管理形式。职工合理化建议是职工群众要求解决生产经营、单位管理、改革发展中的具体问题，向行政相关部门或工会提出的符合法律法规、具有可行性的意见。合理化建议是企事业单位发动职工献计出力的一项活动，在许多国家被广泛推行。

（2）内容广泛性不同。提案内容相对广泛，可以对涉及单位改革和发展全局的重大事项提出建设性意见，也可以对职工普遍关心的其他重要事项提出具体建议，但不应超出职代会职权范围。合理化建议的内容通常是专门针对单位的生产经营和完善管理方面提出的意见，具有特定性。

（3）参与对象不同。提案必须由职工代表提出，非正式职工代表一般不可以向职代会提出提案，而合理化建议是单位内所有职工都可以提出。

（4）征集时间不同。提案一般在职代会召开前的一段时间内由工会发文征集，截止日期一般在职代会召开前几天。合理化建议则是全年都在征集，当然也有单位习惯把每年的某个月定为集中开展某项专题的“合理化建议月”。

（5）规范化程度不同。提案的制度化、规范化程度较高，包括提案思路、规范填写、提交流程、评价奖励都有专门的制度规定。如一条完整的提案应包括案题、理由、整改办法或措施及提案人、附议人等内容。而且提案一般应以书面方式提出，且一事一案。相对而言，合理化建议的规范化程度较低，其随意性和自发性较强，甚至是停留在提案的初级阶段。合理化建议可以由职工个人或联合提出，不需要像提案那样有整改措施和附议人等内容。职工可以采取口头或书面形式提出，一般不必立案。

此外，职代会提案也不同于一般的意见、建议。如前所述，职代会提案是指由职工代表以规范的书面形式提出，并经职代会提案工作委员会（小组）审查立案的议案。而一般的意见、建议是指由职工群众（包括职工代表）以口头或书面形式，向企事业单位或工会反映和表达对某些问题的看法。所以，一般的意见、建议无论是提出主体，还是在内容上、形式上、程序上都与职代会提案有着很大的不同。

17. 职代会提案工作有哪些基本要求？

（1）提案的主体要求。提案必须由职工代表提出，这是职工代表的权利，也是义务。一般情况下，提案必须由 1 名职工代表提出，2

名以上职工代表附议，以说明该提案受支持的广泛程度和被重视度。

（2）提案的形式要求。提案通常以书面形式提出，为便于提案的处理，应该一事一案，一案一表，以便明确提案的主题内容，并确定合适的承办单位。提案表通常一式三份，第一份交有关部门承办，第二份随提案回复表返回提案人，第三份留存在工会，以便于检查监督。

（3）提案的要素要求。一项完整的提案应包括以下几个要素：一是案题，即提案的标题，用简明的文字说明提案要求，而且案题和提案内容要一致。二是理由，或者叫案由（事由），即阐述为什么要做这个提案，现在存在哪些问题，有哪些影响，并分析其原因或根据。这是提案的核心部分，要有情况、有分析，实事求是，简明扼要，切忌笼统、空泛。三是建议，即针对提案所反映的问题，提出解决的主张和办法。四是提案人和附议人。五是日期。此外，有些提案还会有附件，如调查报告或有关数据材料。

（4）提案质量的基本要求。一是反映大事。即提案内容要围绕企事业单位的生产经营管理与改革发展的重大问题，或者职工群众普遍关心的重要事项。只有这样，才能体现职代会的基本职能，并体现提案人的水平。二是言之有据。提出提案是职工代表行使民主权利的重要形式，有其严肃性。因此，提案的提出，必须在深入调查研究的基础上，做到言之有理、言之有据，避免道听途说或捕风捉影。三是案情清楚。即案情叙述具体、分析恰当，并力求语言简洁，体现提案的严肃性和科学性。四是建议的可行性。这是提案是否能被采纳的关键。提出提案的目的是解决问题，提案人应把建议建立在可行性的基础之上，针对案情，提出具有可操作性的措施建议，否则提案的主题再好，但缺乏可行性的建议，也难以落实。五是一事一案。一般情况下，一个提案只能就一个问题展开叙述并提出处理的意见和建议，以便讨论并确定承办单位，使提案得到落实。

18. 谁可以当提案人?

职代会提案的提出主体是职工代表、职代会代表团（组）、职代会各专门工作委员会（小组），统称为提案人。提案的提出具体包括以下几种情形：

（1）职代会正式代表可以个人的名义或联名提出提案。

（2）职代会代表团（组）可以代表团（组）的名义提出提案。

（3）职代会专门工作委员会（小组）可以委员会（小组）的名义提出提案。

（4）对临时突发的、影响较大的热点问题，可由职代会代表团（组）长会议研究讨论，提出提案。

在实际工作中，职代会提案是职工代表在广泛征求职工意见的基础上提出的。因此，职代会提案的主体不仅是职工代表个人，还包括参与此项提案酝酿、研究、撰写和提出的全体职工。

提案可以由职工代表提出，也可以由多名代表联名提出。提出提案的人员应当是本届职代会的职工代表；提出联名提案时，发起人应当作为第一提案人，签名列于首位，其他联名的代表作为附议人，应当签名同意。

职代会代表团（组）可以代表团（组）的名义提出提案。以职代会代表团（组）名义提出的提案，须由代表团（组）过半数代表通过，并由代表团（组）长或者召集人签名同意。

职代会各专门工作委员会（小组）可以集体名义提出提案。各专门工作委员会（小组）提出的提案须由专门工作委员会（小组）负责人签字。

特别说明：一般职工要提出提案，可以通过职工代表来进行。附议人是与提案人有着相同提案建议的人，在基层单位的职代会中，因职工代表名额十分有限，所以，附议人可以是职工代表，也可以不是职工代表。

19. 职代会提案工作与哪些主体有关？

（1）企事业单位工会。工会是职代会的工作机构，在职代会提案工作中处于主导地位，其主要责任是指导、协调并配合职代会提案工作委员会（小组）工作，并督促行政做好提案的处理工作。根据《企业民主管理规定》的相关规定，企业工会是职工代表大会的工作机构，负责职工代表大会的日常工作，其重要的一项职责就是征集职代会提案，提出关于职代会议题的建议。工会要通过各种形式在职工群众和职工代表中进行广泛的宣传动员，积极引导职工群众主动将意见和建议反映给本单位的职工代表。工会还要定期审查提案，促进落实，并实行提案管理，完善提案制度。

（2）职工代表。职工代表是企事业单位职代会的参与主体，也是从事提案工作的主体。职工代表的主要任务是在调查研究、分析思考的基础上，认真负责地提出高质量的提案。这是因为，提案工作要做好，首要条件是提案质量要高。假如每个单位在召开职代会之前，都能够征集到一些高质量的提案，并引起包括单位领导和相关部门的高度重视，那么就能很好地促进作为企事业单位民主管理基本形式的职代会发挥民主制度的作用。职工代表要提出高质量的提案，不仅要思想重视、方法得当，还要熟悉党的相关方针政策、国家的法律法规，并对单位生产经营和管理的有关情况以及职工群众的意愿与要求有准确的认识与把握。职工代表要本着对单位和职工高度负责的精神，积极履行好相关义务，尤其就如何做好单位的改革建设、创新发展，提出高质量的提案。

（3）职代会代表团（组）。职代会各个代表团（组）是职代会组织体系的组成部分。在职代会提案工作方面，代表团（组）应做好本团（组）的提案征集工作，并协助承办部门做好协调沟通工作。具体来说，代表团（组）在提案工作中的责任主要有以下两点：一是承担宣传、收集、整理和提案预审的工作。提案征集工作虽然由提案工作委员会（小组）具体负责，但各代表团（组）是直接面对职工代表的第一责任人，承担着宣传、初审等具体工作，尤其是要组织和指导职工代表提出有质量，并有一定数量的提案。这个工作进行得如何，直接影响着提案的质量。二是承担组织协调的工作。能否提出高质量的提案，除了提案人的积极主动、职工代表的自身素质等因素之外，职工代表团（组）的组织引导作用也很重要。在实践中，常常有一些高质量的提案是举代表团（组）之力，并以代表团（组）的名义提出来的。此外，代表团（组）还要协助提案承办部门、提案工作委员会（小组）和工会做好与提案人的协调沟通工作，促进提案的处理落实。

（4）职代会提案工作委员会（小组）。该机构的具体名称在不同单位也不一样，比如有提案委员会、提案审理委员会、提案工作委员会等名称。严格来说，这不仅仅是名称的区别，还会涉及该组织的定性，即关系所承担的职责和任务上的差异性。作为职代会的一个专门委员会，本书采用多数单位使用的提案工作委员会（小组）这一名称，提案工作委员会（小组）主要承担着征集立案与检查监督行政处理落实提案的双重职责。在部分单位，职代会提案工作委员会（小组）直接承担具体工作，是职代会提案工作的责任主体。但对于大多数单位来说，提案工作委员会（小组）在某种意义上是一个松散的组织机构，组成人员都是兼职。没有工会组织的重视与支持帮助，提案工作委员会（小组）的工作是难以顺利进行的。因此，许多单位的提案工作委员会（小组）的具体工作由工会组织来协调处理。

（5）企事业单位行政。职代会提案工作作为企事业单位民主管理工作的重要组成部分，需要企事业单位行政及各职能部门的重视、支持和配合。企事业单位行政负责职代会提案处理工作，将处理落实情况向提案人通报，向职代会报告。从某种意义上说，在整个职代会提案工作的组织体系中，行政作为承办提案的责任主体起着至关重要的作用。这是因为，若处理提案不力，职工代表好的意见与建议得不到有效落实，不仅影响职代会提案处理落实的效果，也是对职工代表主人翁地位的不尊重，影响职工代表参与的积极性，进而影响下次职代会提案的质量。

20. 职代会提案工作机构有哪些职责?

职代会提案工作委员会（小组）是职代会下设的专门机构，在职代会的领导下负责提案工作。提案工作委员会（小组）一般由工会、行政办等部门组成。提案工作委员会（小组）成员应为本届职代会代表，提案工作委员会（小组）办公室设在工会。

职代会提案工作机构的职责：

（1）对职工代表提交的提案进行初审和立案，将立案的提案分类整理、编号、审理。按规定的交接手续转送有关部门受理。

（2）检查、督促提案受理部门的提案处理工作，并在一定时间内向提案人回复提案的处理结果，做到件件有着落、件件有答复。

（3）研究分析提案受理部门的提案处理报告，对各部门处理的提案工作作出客观评价。

（4）根据提案受理部门的工作情况，适时组织职工代表检查提案落实情况，约请提案受理部门向提案人报告提案的处理结果。

（5）写出提案处理报告，提案工作委员会（小组）负责人在下一次职代会上作专项报告，接受职工代表的审议。

（6）做好提案工作的总结和表彰等工作。

21. 职代会提案工作有哪些流程?

（1）征集。在职代会召开前一个月，由工会或提案工作委员会（小组）发出征集提案的通知，集中向职工代表发放提案征集表。工会深入宣传本次职代会的中心议题，并组织职工代表调查研究，严肃认真地履行提案权，抓住重点提出能反映全局性、重点性工作的提案。

（2）撰写。职工代表在深入开展调查研究、认真听取和收集职工意见的基础上，按照规范的要求撰写提案。

（3）审查。各代表团（组）收集提案并送交工会或提案工作委员会（小组）。工会或提案工作委员会（小组）根据以下标准审查汇总的提案，分析提案是否能立案：一是看是否符合政策法规；二是看是否属于职代会的职权范围；三是看是否有实施的价值和可能。

（4）立案。工会或提案工作委员会（小组）对符合标准的提案进行立案，并整理分类登记，然后分送行政主要领导或有关部门进行处理和实施。重大问题的提案应提交职代会讨论。因不具备条件而不能落实的提案，要向提案人说明情况。

（5）执行。在确定具体实施部门以后，工会或提案工作委员会（小组）应督促其在一个月内根据提案要求制订落实计划，做到“三定”，即定部门、定人员、定进度。工会或提案工作委员会（小组）对提案的落实情况进行检查和督促，并加强同有关部门及提案人的沟通联系，为提案的实施创造条件。

（6）反馈。无论是已落实的提案还是没有落实的提案，工会或提案工作委员会（小组）都要通过一定的形式（通常为书面形式）向提案人反馈处理结果，并征求提案人和附议人的意见。

（7）总结。工会或提案工作委员会（小组）对提案的落实情况及时进行总结和归档，并形成书面报告，在下次职代会上报告提案的处理及落实情况。

工作范例

××公司职工代表大会提案工作流程图

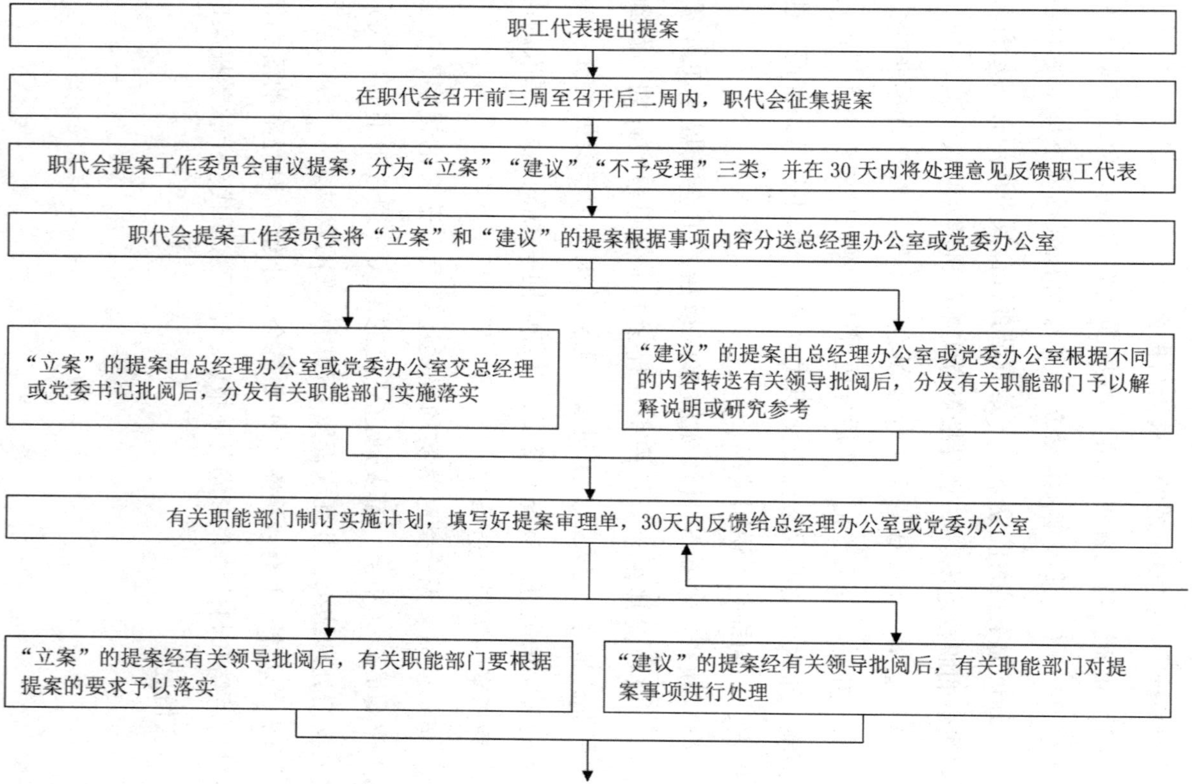

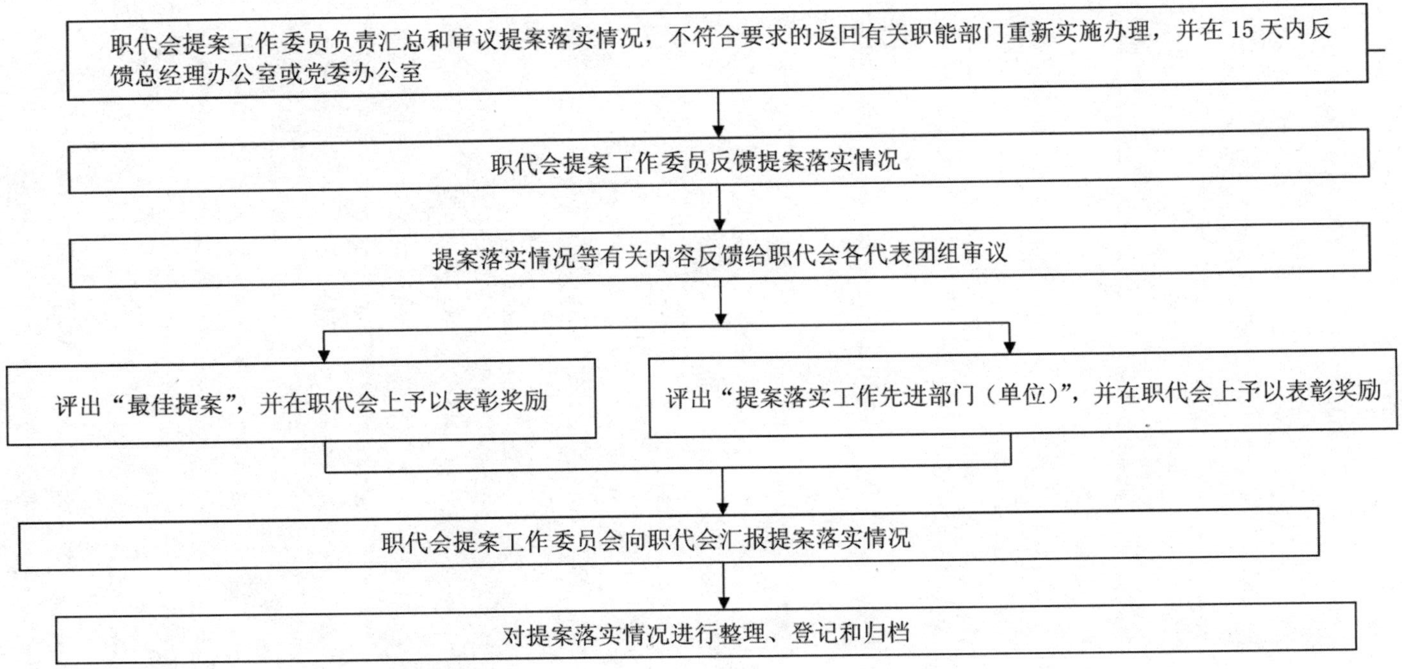
职代会提案工作委员负责汇总和审议提案落实情况，不符合要求的返回有关职能部门重新实施办理，并在 15 天内反馈总经理办公室或党委办公室
职代会提案工作委员反馈提案落实情况
提案落实情况等有关内容反馈给职代会各代表团组审议
评出“最佳提案”，并在职代会上予以表彰奖励
评出“提案落实工作先进部门（单位）”，并在职代会上予以表彰奖励
职代会提案工作委员会向职代会汇报提案落实情况
对提案落实情况进行整理、登记和归档

第三章

企事业单位工会如何做好职代会提案工作

22. 工会在职代会提案工作中有哪些职责?

企事业单位工会作为职代会的工作机构，作为本单位民主管理的组织者、推动者以及职工群众利益的代言人和维护者，在职代会提案工作中承担着重要职责。其具体职责主要有以下几个方面：

(1) 做好职工代表的选举与业务培训工作。企事业单位工会应做好职工代表的选举工作，把政治觉悟高、工作责任心强、思想作风好、素质能力突出的职工选为代表。此外，还要加强对职工代表的培训，尤其是业务知识的培训，为职工代表撰写高质量的提案奠定坚实的基础。

(2) 在职代会召开前做好充分的动员和重大议题的摸底工作。在年度职代会工作启动以后，企事业单位工会要与行政沟通了解年度重点工作，协商确定重大议题，并通过工会组织体系联合职代会提案工作委员会（小组）下发职代会提案征集通知，动员职工代表积极参与撰写提案工作。在职工中开展摸底调查工作时，工会要听取职工群众的意见和建议，一些特别重要的意见可列为重大议题，并组织职工代表撰写提案，甚至可以组成课题研究小组进行深入分析，以提出有针对性的解决方案。

(3) 汇总整理职工关注度高的议题。企事业单位工会通过收集汇总和整理职工代表的提案，对职工群众呼声强烈、关注度高的事项，可与行政方积极协商，作为职代会正式议题，列入大会议程。

(4) 指导、协调提案工作委员会（小组）开展工作。提案工作委员会（小组）主要承担征集立案与检查监督的双重职责。由于提案工作委员会（小组）的成员全部是兼职，所以在具体工作中需要工会的指导和协调组织。

(5) 组织职工代表参与提案的监督与检查工作。为了督促承办部门切实履行好主体责任，工会通常会联合职代会提案工作委员会（小组）根据提案落实进展的情况需要，组织职工代表开展监督检查活动，以督促有关提案的落实。

(6) 做好年度总结工作。每年的提案征集与落实情况都要有专项工作总结，并形成书面报告，在下一次职代会上向全体代表通报。由于工会是职代会的工作机构，这一工作通常由工会来完成，或者由工会协助职代会提案工作委员会（小组）的负责人来完成。总结的内容包括提案征集情况说明、立案情况说明、提案落实情况、相关经验及今后应注意的问题等。此外，工会还要协同提案工作委员会（小组）做好优秀提案及承办单位的评选与表彰工作。

23. 如何开展职代会提案征集工作?

在征集职代会提案的工作中，工会的作用是否充分得到发挥，对提高职代会提案的质量起到关键性作用。在职代会召开之前，企事业单位工会要会同职代会提案工作委员会（小组）切实做好提案征集工作，重点是要做好以下几项工作：

(1) 思想引领。工会要通过发放通知的形式，向职工代表讲明提案的目的、意义，动员职工代表积极提出提案。要重点动员有责任心、能力强的职工代表，尤其是技术和管理骨干撰写提案。一般来讲，在重要岗位的职工代表对本专业领域的发展现状、发展方向和相关要求有着更全面、更准确的认识。

(2) 指引方向。工会要组织职工代表以围绕单位的生产经营管理为中心，从深化改革、转型发展、结构调整、降本减费、技术改进、管理科学、队伍建设等方面的薄弱环节入手提出提案；也可以从本单位实际出发，在职工的劳动保护、生活福利和文化娱乐活动等方面提出提案。尤其是要深入宣传本次职代会的中心议题，围绕单位的生产经营管理等重点工作提出提案，使提案能集中反映单位的全局性、重点性工作。

(3) 创造条件。工会要先把电子或纸质提案征集表发到职工代表手中，指导职工代表认真开展调查研究，听取和征询职工群众的意见和建议。必要时组织专业人员帮助职工代表一起想办法，完善整改措施。

（4）指导提案的撰写工作。工会要指导和帮助职工代表厘清提案的写作思路，从提出问题、分析问题、解决问题及改进工作的措施等方面撰写提案，确保提案的内容与格式符合要求。对撰写提案有困难的职工代表，可以组织相关人员进行帮助。

24. 如何撰写提案征集通知?

企事业单位工会在与行政确定职代会召开时间后，就要正式启动职代会的各项会前准备工作，提案征集的通知通常在会前一个月下发。职代会提案征集的通知一般由以下内容组成：

（1）标题。完整的标题要写明单位名称、职代会的届、次。比如，《关于征集××公司×届×次职工代表大会提案的通知》。

（2）内容。主体内容分为三部分：一是提案征集的范围或内容；二是提案征集的要求；三是提案的征集时间和提交方式。在有些单位，这部分内容写得相当详细，甚至把提案的立案、处理和表彰等相关事宜也做了说明。

（3）落款。落款通常为单位工会，但也有部分单位是工会和职代会提案工作委员会（小组）共同落款。这需要根据各单位的实际情况决定，假如职代会提案工作主要由工会具体负责，那工会落款较为合适。

在下发征集提案的通知时，也要同时下发提案表，或者将提案表作为提案征集通知的附件。在实践中，每个单位的提案表都不一样。规范的职代会提案表应包括以下要素：提案编号、提案人及附议人、案题（关于××的提案）、案由（提案内容与依据）、建议与措施、提案工作委员会（小组）或工会意见、承办部门处理情况、主管领导意见、提案人对提案处理情况的意见等。

工作范例

【范例1】第四届职工代表大会提案征集通知

各代表团、各位代表：

职代会提案工作是我院职代会行使民主管理和民主监督的重要内容，是院领导汇集民智，进一步促进民主决策和管理民主化、科学化的重要方式；是职工代表履行职责、行使民主权利的重要渠道；是调动职工积极性、创造性，激发职工主人翁意识，推进我院快速发展的重要措施。

根据《关于召开第四届职工代表大会的通知》，院工会决定于××××年××月××日—××月××日征集代表提案。根据《学校教职工代表大会规定》的相关要求，结合我院实际情况，现将我院第四届职工代表大会提案征集工作通知如下。

一、提案的范畴

职代会提案，是职工代表在广泛征求意见和认真全面调查研究的基础上，就我院的改革发展、队伍建设、行政管理、生活福利等问题，按照规定程序提出的议案。

二、提案的内容

1. 符合党和国家的方针、政策、法律法规有关规定；
2. 反映我院改革建设发展、队伍建设、行政管理、生活福利等工作实际；
3. 代表大多数职工的意志需求；
4. 属于职代会职权范围内可以处理的问题。

三、提案的写作

1. 提案应一事一案，一案一表；
2. 由1名代表提出，2名以上代表附议；
3. 提案内容应力求准确、具体、实事求是，并包括以下要素：

（1）提出问题，对问题作简要表述；

（2）分析问题，陈述提出问题的原因或根据；

（3）具体建议，提出解决问题的主张与办法。

4. 提案书写要字迹工整；

5. 每个提案人都必须亲自签名；

6. 提案应在规定日期内提交，超过截止日期的提案只作一般性意见和建议处理。

四、提案的受理与处理

1. 职代会提案工作委员会是负责职代会提案受理和处理的专门机构。提案工作委员会负责提案的受理与处理工作；

2. 由第三届职代会提案工作委员负责对提案进行审查、登记、分类和整理，大会期间向大会作提案征集工作报告；由第四届职代会提案工作委员会负责对符合立案原则的提案进行立案，并提出受理意见；

3. 提案内容相同或相近的进行并案处理，原提案人作为共同提案人；

4. 凡未立案的提案，会作为一般性意见和建议转有关部门处理，并告知提案人；

5. 大会闭幕后，职代会提案工作委员会应尽快将提案的处理意见和立案的提案提交院长办公会，并由院长办公会责成相关分管领导和分管部门负责承办；

6. 各承办部门要高度重视代表的提案，保证提案的办理质量，并在3个月内办理完毕，就办理结果向提案人作出书面答复，提案人满意并签字后视为办结；

7. 提案办理的情况要在职代会年会或职代会换届大会上进行报告。

五、提案的提交要求及方式

1. 提案征集工作是职代会的重要内容之一，各代表团召集人要高度重视，认真组织此项工作；

2. 各位代表要以严肃负责的态度行使提案权，围绕我院的中心工作撰写提案，撰写提案前要进行调研，广泛听取职工的意见，保证提案的质量。撰写提案要做到“实事求是、反映大事、言之有据、分析清楚、建议具体、书写工整”；

3. 本次大会提案征集时间为××××年××月××日—××月××日；

4. 各代表团将提案汇总后，将提案表纸质版一式三份，于××××年××月××日 17：00 前提交至院工会，电子版发送至 abc@163.com。

提案工作联系人：×××　　联系电话：××××××××

附件：第四届职代会提案表

××研究院工会
职代会提案工作委员会
××××年××月××日

【范例 2】关于征集职代会提案的通知

各位职代会代表：

为进一步推进公司民主管理、民主参与和民主监督的工作，激发职工的主人翁责任感，为公司发展做出积极贡献，公司职代会从即日起在全公司范围内开展提案征集工作，现将具体事宜通知如下。

一、提案的提交时间

提案可以在每年职代会会议期间集中提出，也可以在职代会闭会期间随时提出。

二、提案的基本内容和要求

1. 提案的选题应当围绕公司发展和管理等方面的重大问题和职工普遍关心的重要问题提出。

2. 提案由标题、案由、建议或办法等内容组成。提案内容要实事求是、简明扼要，做到有事实、有分析、有具体建议，一事一案，案数不限。职代会代表要在广泛征求职工群众的意见和建议的基础上提出提案。

3. 职代会的正式代表可以个人的名义或联名提出提案；职代会代

表组可以代表组的名义提出提案；职代会专门工作小组可以专门工作小组的名义提出提案。

代表联名提出的提案，发起人的签名应当列于首位；代表组、专门工作小组提出的提案须由代表组组长或专门工作小组负责人签字。

三、提案的立案与处理

1. 审查立案。提案工作小组本着尊重和维护提案人民主权利、保证提案质量的原则，对收到的提案进行审查，符合上述关于撰写要求的予以立案，并转交办公室经主管领导审批后分送相关部门承办。

有下列情形之一的，不予立案：

(1) 不符合党和国家方针、政策、法律、法规的；

(2) 不属于职代会职权范围内的；

(3) 属于揭发和举报问题的；

(4) 为本人或亲属解决个人问题的；

(5) 内容空泛、建议笼统的。

2. 提案的处理。经审查不予立案的，可根据不同情况，转送有关单位（部门）研究、参考，并于15个工作日内，向提案者说明情况。

经审查已经立案的，承办单位（部门）将在15个工作日内对办理情况做出解答或提出处理意见。提案书面复文要求明确答复“已经落实”“正在落实”“暂缓落实”“无法落实”四种意见，并详细说明情况或理由。复文完成后由承办单位（部门）将提案表送交第一提案人沟通意见，提案人签署反馈意见后，由承办单位（部门）送交提案工作小组留存备案。

3. 提案的表彰。提案工作小组每年评选优秀提案和落实提案最佳部门，并给予适当奖励。

请各位代表、代表组积极关注公司的发展，认真履行好职工代表的光荣使命。公司对您的辛勤工作深表谢意！

××公司工会

××××年××月××日

【提案表模板1】××公司职工代表大会提案表

编号：

<table>
<tr><td rowspan="5">提案人
姓 名</td><td rowspan="5"></td><td rowspan="5">附议人</td><td rowspan="5"></td><td rowspan="5">提案类别</td><td>经营管理方面</td><td></td></tr>
<tr><td>生活福利方面</td><td></td></tr>
<tr><td>安全生产方面</td><td></td></tr>
<tr><td>教育培训方面</td><td></td></tr>
<tr><td>其他事项方面</td><td></td></tr>
<tr><td rowspan="2">提案内容</td><td colspan="6">案题：</td></tr>
<tr><td colspan="6">案由：

本案整改建议（可另附纸）：</td></tr>
<tr><td>提案小组
意见</td><td colspan="6">承办部门或未立案的原因：

负责人签字：　　　年　月　日</td></tr>
<tr><td>承办部门
办理情况</td><td colspan="6">完成时间或未完成的理由：

负责人签字：　　　年　月　日</td></tr>
<tr><td>提案人
反馈意见</td><td colspan="6">1. 满意（　）、基本满意（　）、不满意（　）。
2. 意见：

提案人签字：　　　年　月　日</td></tr>
<tr><td>工　会
督办意见</td><td colspan="6">结案（　）；未结案转________处理。

工会主席签字：　　　年　月　日</td></tr>
</table>

【提案表模板 2】××集团公司×届×次职代会提案表

编号：

<table>
<tr><td>提案人</td><td></td><td>部门</td><td></td><td>职务</td><td></td></tr>
<tr><td>附议人</td><td colspan="5"></td></tr>
<tr><td>案题</td><td colspan="5"></td></tr>
<tr><td>提案内容</td><td colspan="5"></td></tr>
<tr><td>建议与措施</td><td colspan="5"></td></tr>
<tr><td colspan="3">【审核意见】
1. 立案○
2. 作为意见、建议，转＿＿＿＿＿直接答复提案人○
3. 无效提案○

提案工作小组负责人（签字）：
年　月　日</td><td colspan="3">【实施部门】
经研究确定本提案由＿＿＿＿＿负责实施，＿＿＿＿＿协办。
请于　　年　月　日前完成。

集团领导（签字）：
年　月　日</td></tr>
<tr><td>承办部门办理意见</td><td colspan="5">承办部门负责人（签字）：
年　月　日</td></tr>
<tr><td rowspan="2">提案人反馈意见</td><td>满意度评价</td><td colspan="4">很满意○　满意○　一般○　不满意○</td></tr>
<tr><td></td><td colspan="4">签字：
年　月　日</td></tr>
</table>

【提案表模板 3】××学校×届×次教职工代表大会提案表

编号：

<table>
<tr><td>提案人</td><td></td><td>附议人</td><td colspan="2"></td></tr>
<tr><td colspan="2">案题</td><td colspan="3"></td></tr>
<tr><td rowspan="2">提案内容</td><td>案由</td><td colspan="3"></td></tr>
<tr><td>整改措施建议</td><td colspan="3"></td></tr>
<tr><td colspan="2" rowspan="4">审核意见</td><td>1. 立案</td><td></td><td rowspan="4">提案工作小组负责人（签字）：

年 月 日</td></tr>
<tr><td>2. 退回重提</td><td></td></tr>
<tr><td>3. 作为意见、建议</td><td></td></tr>
<tr><td>4. 直接答复提案人</td><td></td></tr>
<tr><td colspan="2">领导批示意见</td><td colspan="3">经研究，确定本提案由________负责实施，请于 年 月 日完成。

校长（签字）：
年 月 日</td></tr>
<tr><td colspan="2">承办部门意见</td><td colspan="3">（签字）：
年 月 日</td></tr>
<tr><td colspan="2" rowspan="3">结果意见反馈</td><td>1. 满意</td><td></td><td rowspan="3">提案人（签字）：
年 月 日</td></tr>
<tr><td>2. 基本满意</td><td></td></tr>
<tr><td>3. 不满意</td><td></td></tr>
</table>

25. 如何开展提案的审查程序?

（1）提案预审。在大型的企事业单位，职工代表提出提案后，由分工会或代表团（组）收集提案，并本着尊重和维护提案人的民主权利、保证提案质量的原则，对收到的提案能否立案进行初审，提出立案或不予立案等初步意见。最后统一上报给单位工会或职代会提案工作委员会（小组）。在小型企事业单位，职工代表直接将提案提交给单位工会进行初审。在初审时，对一些选题较好但内容不够完整的提案，工会往往要给提案人提出修改意见，要求其在规定时间内完善提案；案题和提案内容不符的，工会请提案人修改；提案缺乏可操作性的，工会请提案人补充；对缺少附议人的提案，工会请提案人动员其他代表共同参与。

（2）登记造册并进行分类。对征集的所有提案，单位工会或提案工作委员会（小组）依据有关规定进行登记造册，以单位为序进行编号，确定标题。然后整理提案，按照提案的内容进行分类，最后对所有提案提出立案、不予立案或合并立案等意见。

（3）召开提案审查会议。提案工作委员会（小组）或工会审查提案的内容是否符合有关法规政策；是否属于职代会职权范围；有没有实施的价值和可能性。这需要各位委员根据单位中心工作和实际情况，充分发表意见，深入论证，并形成一致意见。对征集的提案，一般根据提案的重要程度分为立案提案、不予立案提案和意见类提案。

提案审查会议通常由企事业单位行政负责人或委托人主持，工会的主要领导和提案工作委员会（小组）成员参加。在实际工作中，为了提高提案审查会的效率，参加人员范围一般要扩大到提案涉及的承办部门负责人。承办部门主要是企事业单位生产、经营、管理的专业部门，对有关提案是否符合单位当前发展实际，能够提供最准确的意见和建议。

26. 提案立案有哪些要求?

通常来说，提案的要求主要有：一是提案要符合党的政策和国家法律法规；二是提案要符合大多数职工的意见和建议；三是提案要切合实际，是职工群众特别关注、单位有条件办理的事；四是提案要立实案，就是办具体的、看得见的实事，不能立无形案；五是对内容相同或相近的提案，要合并办理。

提案予以立案的情形包括：有关本单位贯彻执行党的方针政策和法律法规的建议和方案；围绕本单位发展规划和工作重点的事项；有关本单位生产经营、内部管理、技术进步、基本建设等方面的建议和方案；有关本单位内部管理、生活福利、职工培训和教育等方面的建议和方案；有关本单位改革发展、文化建设以及其他有利于单位总体利益的建议和方案；职工普遍关心的其他重要事项以及与职工切身利益相关的建议和方案。

不予以立案的情形包括：与法律法规政策规定不相符的提案；与本单位情况不相符的提案；不属于职代会职权范围内的事项；超出本单位管理权限和基层单位可以解决的提案以及上级已有明确规定的问题；本单位或职能部门已经明确列入议事日程的事项；没经过充分调查、考证、名不副实的提案；不符合技术规范、缺乏可操作性的提案；属个人问题以及不宜列为提案的问题等。

微案例

J公司在落实国家有关带薪年休假政策的同时，实施严格的考勤制度，职工的事假纳入考核范围，直接与经济收入、竞聘上岗等事项挂钩，导致职工普遍不愿意请事假，但谁又没个事儿要处理呢？鉴于此，公司有位职工代表在职代会前提出了一份关于灵活休假的提案。具体方案是建议职工在一年内可以用年休假冲抵事假，如请一天事假就从该职工应享受的年休假中扣除一天。对这份提案，尽管其出发点是为了方便职工，但显然不符合国家的相关政策规定。把“事假”与“带薪年休假”混为一谈，令企业考勤制度的意义大打折扣。解决此问题的关键在于提醒单位实行人性化管理，给予职工适当的事假，以营造良好的企业管理文化。

27. 如何做好提案的审理分类工作？

关于提案的分类，从不同的角度出发，有不同的分类方法：按照提案的重要程度分为重大提案和非重大提案；按照受理部门的不同分为行政处理的提案和非行政处理的提案；按照处理方式的不同分为近期可以解决的提案和暂时不能解决的提案等。

在工作实践中，一是区分是不是重大提案。重大提案应交由大会主席团讨论，并列入职代会的正式议题；非重大提案按受理部门分类。二是按照处理方式的不同进行分类，可以分为立案、调查、解释、暂缓处理等。对符合政策规定，本单位有能力又确实需要解决的提案，做立案处理。凡立案的，都要进行整改，立案数占全部提案数的比例称为立案率，立案率是衡量提案质量的一个标准。究竟立案率达到多少比较合适，需要根据每次提案的质量来决定。调查，即对提案的内容、可行性做深入了解和研究，暂时不立案的，待调查研究后再作出决定。解释，即对不符合政策，或者本单位无法解决的提案，向职工代表作出解释。暂缓处理，即对符合政策，但本单位目前缺乏解决能力的，留待以后解决。

提案的审理分类工作一般由提案工作委员会（小组）负责，不设提案工作委员会（小组）的由工会会同行政处理。

28. 如何办理提案？

企事业单位工会或职代会提案工作委员会（小组）负责对征集的提案进行归类整理和审查，处理提案通常分以下两种情形：

（1）经审查不予立案的，可根据不同情况退回或作为一般意见、建议处理。作为一般意见、建议处理的提案由提案工作委员会（小组）或工会以适当的方式向提案人说明情况。此外，对按照意见处理的提案，也要提交相关职能部门答复，并及时向职工代表反馈。

（2）凡确定正式立案的提案，由提案工作委员会（小组）或工会重新进行整理、合并，确定案题，重新编号。

对确定立案的提案，部分单位召开提案落实会议，由单位行政负责人主持，职代会提案工作委员会（小组）成员、单位工会领导、相关职能部门负责人参加，将提案逐条进行落实。一是明确落实提案的主办部门、协办部门；二是明确完成时间。还有些单位尽管不专门召开提案落实会议，但提案工作委员会（小组）或工会将立案的提案送有关领导审阅。经领导签署意见后，再交付有关单位（部门）办理。

有些单位工会在将已经立案的提案送交承办单位（部门）处理时，还附上相关说明书。说明书的主要内容如下："××处、室负责人：经本届职代会提案审理委员会审定、主管领导批准，编号为××的提案送达该部门处理，请认真审阅，并请在××××年××月××日前提出处理意见，上报工会。为尊重职工的意见和提高办理效率，请您及时与提案人取得联系。"这一做法主要是保证提案处理工作更加规范，更具有权威性，避免行政部门在处理提案时敷衍了事。

（3）承办提案的单位或部门接到提案后，要认真研究提案，凡是有条件解决的问题，拿出实施方案，列入年度工作安排；凡因条件所限，不能马上解决的问题，制订计划，创造条件解决；凡无法解决的问题，要本着实事求是的态度，与提案人做好沟通解释工作，获得提案人的理解。

在实践中，提案的办理结果通常有四种：一是已经解决或基本解决所提的问题；二是正在解决或已列入规划逐步解决问题；三是因条件限制暂无法解决问题；四是所提建议、提案供有关部门参考。无论提案的处理结果是什么，都要给提案人予以答复。所有的提案，必须登记建档。对已经采纳、实施、表彰奖励的提案，也应记载其进行的过程和结果。

工作范例

关于切实提高我校“以德铸魂、以善育人”德育特色工作实效的建议

提案主要内容： 近年来，我校以“注重对人的精神品质的培育，引导学生懂得善良、崇高、博爱、正义、尊严、责任、使命，培养学生对美好事物的感知能力，对崇高的体悟，对价值的理性判断与选择，以及在此基础上的不为功利、执着追求的精神”为教育价值观，致力于探索“以德铸魂、以善育人”的德善教育特色文化建设实践。总体来看，德善教育特色活动内容不丰富，形式单调，真正打动人心、激发学生向上向善的感召力不足。

我校早在20世纪30年代就为品德好的学生颁发过善行证，“以德铸魂、以善育人”是我校的德育理念。习近平总书记在北京大学师生座谈会上指出：“要把立德树人的成效作为检验学校一切工作的根本标准，真正做到以文化人、以德育人，不断提高学生思想水平、政治觉悟、道德品质、文化素养，做到明大德、守公德、严私德。要把立德树人内化到大学建设和管理各领域、各方面、各环节，做到以树人为核心，以立德为根本。”

为进一步深化善行德育的工作，建议健全制度机制，开展形式多样的善行教育活动，鼓励班级开展“亲情体验”活动，开展学雷锋志愿服务活动，加强善行示范与科研，使我校的德育工作再上新台阶。

该提案经学校教代会提案小组审查，同意立案，由校办公室承办。承办部门积极组织实施，采取了一系列措施，使该提案得到了有效落实，并且落实效果得到了提案人、学校、家长和社会的各方认可。其落实举措主要为：

一是健全制度机制。学校成立了“以德铸魂、以善育人”的德育特色工作领导小组和办公室，明确了学校各部门在德育特色工作中的职责分工，建立了德育特色工作的激励机制，定期举行“微善优秀案例展评活动”。

二是开展形式多样的善行教育活动。编写《善行教育读本》《微善行动案例选编》等校本教材，通过入学教育、班会活动、团日活动、课堂德育渗透、模范典型示范等方式对学生进行知善、扬善、行善的教育，并在《××中学善行记录册》记下善行和感受，增强师生参与德育教育活动的积极性。

三是鼓励班级开展“微善创意”行动。以微善社为平台，组织各班级学生自主考察、挖掘创意，开发《盲道的治理与打扫》《通过义卖关爱留守儿童》等“微善项目”100余个。

四是开展“亲情体验”活动。利用周末和节假日、寒暑假，在所有学生中开展亲情体验活动，组织每个学生为家里做一件事，让学生学会感恩父母、感恩亲人，增进亲情。

五是开展学雷锋志愿服务活动。定期组织学生参加交通文明岗、街道社区服务、敬老院服务等志愿活动，增强学生存善心、有善念、行善举、做善事、成善人、扬善学的主动性和自觉性。

六是加强善行示范与科研。将善行教育实践和德善科研紧密结合起来，不断总结，提炼经验，推动德育特色工作取得新成效，《邓小平风范蕴含的德育资源及在中小学的应用研究》《新时期农村中学育善培德的理论及实践研究》分别获省、市立项，多个课题荣获教育部、市政府奖励。

29. 如何做好提案的督办工作?

企事业单位工会或职代会提案工作委员会（小组）是落实办理提案的具体督办部门，一般通过送达提案立案通知书、年中向承办部门送达征集表等形式进行提案立案的监督与落实。在处理提案的过程中，企事业单位工会或职代会提案工作委员会（小组）应掌握落实提案的进展情况，必要时督促承办单位抓紧办理，以保证提案落实的速度与质量。提案的跟踪落实，一般由企事业单位工会会同行政办公室负责，也可以由职代会提案工作委员会（小组）等专门机构进行协助。

督办工作的内容主要为：一是定期或不定期了解一般提案的进展情况；二是对重点提案实行重点跟踪，与有关部门保持密切联系，不断督促其抓紧落实；三是对不熟悉提案承办要求的部门和个人，给予必要的指导；四是对由不同部门办理的同一个提案，协调相关部门统筹进行；五是发现问题时，及时提出整改建议。

督办工作程序主要有以下几个环节：

（1）制定措施。督促制订实施计划和落实措施，做到“三定”，即定部门、定人员、定进度。定部门，就是确定主要负责部门，由其牵头协调和落实措施；定人员，就是明确由谁具体实施；定进度，就是确定落实提案的时间。

（2）听取意见。工会或职代会提案工作委员会（小组）以电话、书面、座谈的形式，就落实措施内容征求提案人的意见，必要时可以请落实部门的相关人员、提案人直接沟通，进一步听取意见。

（3）跟踪落实。工会或职代会提案工作委员会（小组）组织提案人、职工代表根据提案落实进度和具体措施，对相关部门的落实情况进行检查，检查后，双方交换意见。对落实好的部门要肯定成绩，对落实不好的部门要提出建议，对落实有困难的部门，要想方设法予以帮助。当然，处理相关提案的职能部门负责人也要及时催办直接责任人，帮助协调解决具体问题，因条件不具备而一时不能解决的提案，要制订计划和议案，创造条件逐步解决。

（4）满意测评。提案落实后，由工会负责组织职工代表对提案落实情况进行满意度测评，对满意度低的提案提出整改意见和建议。

在实践中，有的单位还建立了“三见面”制度，有较好的效果。“三见面”制度的内容是：受理部门收到提案后立即同提案人见面，进一步听取情况的介绍；受理部门提出措施后，同提案人进行第二次见面，听取意见；提案落实后，同提案人进行第三次见面，听取提案人对提案落实情况是否满意的意见。

30. 如何组织职工代表开展提案落实的监督检查工作？

在整个提案的办理过程中，职代会提案工作委员会（小组）和工会应掌握提案处理的情况和工作进度，对落实工作进展缓慢的提案，通常要组织开展一次中期监督检查，以督促责任部门重视提案落实工作。建立职工代表巡视检查制度的单位，应将提案办理落实的情况纳入职工代表巡视检查的重点内容。

在实践中，企事业单位工会或职代会提案工作委员会（小组）会同行政办公室组织职工代表，对提案处理落实工作进行一次检查，协调解决提案处理工作中存在的问题。检查的方式一般为：到承办单位（部门）听取处理情况的汇报，听取提案人对提案处理工作的意见，调查了解处理落实情况，并就有关问题进行协调。然后将半年检查的情况向职代会联席会议报告。有些单位由行政办公室负责对处理提案缓慢的部门下发督办通知单，促进提案的落实进度。

具体来说，提案落实的监督检查程序主要有以下几个方面：

（1）工会在年度总体工作安排中，对包括提案处理落实情况在内的集体合同履行情况、厂务公开民主管理工作统筹安排检查监督，促进工作的落实。

(2) 提案工作委员会(小组)在工作计划中对提案处理落实情况进行具体的安排部署，在工会的协调帮助下，组织提案工作委员会(小组)成员和职工代表对提案的处理落实情况进行监督检查。

(3) 检查监督提案处理落实情况，一是提案工作委员会(小组)检查。提案工作委员会(小组)要随时了解与掌握提案处理落实的情况，制定检查的具体方案，安排对重点提案的检查，听取承办部门与提案人的意见，必要时到现场查看有关提案处理落实的具体情况。二是在工会的统筹安排下，组织提案工作委员会(小组)等专门委员会，在职代会召开半年之后，统筹对职代会决议、提案处理落实、集体合同履行等诸多事项一并进行检查，这种检查方式在实践中应用比较多，可以提高效率、降低成本、减少基层单位的负担。三是提案工作委员会(小组)通过电话了解、微信沟通、网上处理等形式，检查监督提案的落实情况，协调解决在提案处理工作中存在的问题。

(4) 职代会闭会期间，在处理落实提案的过程中，提案人可通过电话、门户网站、微信等形式随时向承办单位(部门)、工会与提案工作委员会(小组)了解提案的落实情况，提出意见与建议。承办提案的单位(部门)也要及时将处理落实提案的情况与提案人进行沟通。

(5) 提案工作委员会(小组)或工会将检查提案处理落实的情况进行分析、总结、汇总，肯定成绩，同时指出存在的问题，提出意见与建议，形成报告，并向职代会联席会议报告，向工会和党政领导汇报。

(6) 由行政领导或者行政办公室根据单位领导的意见，协调解决提案处理落实中存在的问题。

31. 如何做好提案的答复与反馈工作?

立项的提案，无论是已落实的还是没有落实的，都要在规定的时间内向提案人反馈处理结果，并征求提案人和附议人的意见，做到案案有着落、件件有交代。承办单位(部门)要有书面答复意见，处理提案的答复意见要及时交到提案工作委员会（小组）或工会。答复提案的相关要求是：

（1）已经落实提案提出的建议，将落实结果回复提案人。

（2）认为提案合理可行或基本可行，但因目前某些条件限制或解决有一定的难度而暂时不能落实的，在答复中说明难点及解决措施。

（3）认为提案合理的，应予以认真研究。但由于解决难度较大、问题比较复杂、涉及的部门较多、不能在短时间内拿出落实方案的，应在答复中给出具体的研究计划和最终答复日期。

对涉及两个或两个以上单位或部门协同办理的提案，主办部门与协办部门之间应积极配合，共同协商解决；由两个以上部门共同答复的提案，可采取两种办法：一是各自解答涉及本部门的相关内容；二是部门之间一起协商研究后，由主办部门统一答复。

提案要答复好，关键在于要引起承办单位或部门领导的重视。在具体工作中，需要把握好以下几点：一是重视提案的答复工作，把该项工作列入本部门的议事日程；二是要明确做好提案工作的意义，认真负责处理好每一件提案；三是要理解广大职工对提案的期望，给提案人一个负责任的答复；四是答复提案时，用词要准确，建议采用："已建议""已考虑""已落实""已列入计划""已于××月实施"等用词；五是在答复提案时，做到每案必答，避免"见××号提案""同意领导意见""按××指示办理"等用词，并在分管领导的批示下，予以进一步说明和具体解答。

处理提案反馈工作的要求：

（1）提案工作委员会（小组）或工会在收到承办单位或部门的处理意见后，及时向提案人进行反馈并附回执，听取提案人对提案办理情况的意见。

（2）提案人将反馈意见直接反映给提案工作委员会（小组）或工会，再由其转告承办单位或部门。

（3）由提案工作委员会（小组）或工会负责向下一次职代会报告

提案处理结果。

在实践中，提案的答复工作可以分为职代会召开期间和闭会期间两个阶段，召开职代会时，由单位的行政领导向大会汇报上次会议提案的处理情况，以及对本次会议提案的初步打算；提案工作委员会（小组）汇报本次会议提案的征集、审理情况，监督检查和落实上次会议提案的情况，根据提案的处理情况，对受理部门提出表扬或批评。闭会期间的答复工作有多种形式：网络平台公布、受理部门直接同提案人见面、书面反馈提案人等。当然，也有单位是由受理部门直接答复提案人并向提案工作委员会（小组）或工会报告。对提案办理结果不满意的，职工代表可以向工会或者有关部门提起申诉。

微案例

为进一步提高职代会的提案质量，加强与职工代表的沟通联系，Z学院召开了四届一次的职代会立案提案答复见面会。提案办理的责任部门负责人、提案人、职工代表参加会议。这次职代会共征集提案36件，在36件提案中，改革发展类6件、队伍建设类6件、生活福利类9件、行政管理类15件。提案工作委员会对提案进行了系统的整理，经并案处理后，归纳后的提案为25件，经多次与相关部门、提案人沟通，确定立案的提案15件。立案的提案主要涉及完善内部管理、促进职工身心健康、加强队伍建设、提高后勤服务质量、利用学院优质资源等方面的内容。在职代会上，责任部门的负责人就每项提案的办理思路、办理方式及办理流程等进行了解释，并与提案人进行了深入的交流。提案人对本次见面会给予了充分的肯定，认为学院对职代会提案高度重视，提案的办理思路清晰，解决方案务实。提案人表示，将进一步履行好职工代表的职责，发挥民主参与、民主建设、民主管理的作用，推进学院各项事业的发展。此外，在职代会前，学院工会和提案工作委员会已与其提案未立案的提案人逐一沟通，在肯定他们付出的同时，对相关提案作了细致的解释，希望他们今后继续支持职代会提案工作，撰写出更多高质量的提案。

工作范例

以学生为本，充分发挥班主任在本科生教育中的作用

提案的主要内容：在我校目前的本科生管理体系中，班主任与辅导员分工失衡，不仅难以发挥班主任工作的重要性，还制约了本科生的培养。目前，每个本科生班级都配备了一名班主任，由教师兼任，每个年级都配备了一名专职辅导员。课程教学事务之外的日常管理，由班主任和辅导员共同承担。班主任负责学业规划、辅导等工作，辅导员则负责思想政治、学业的事务管理、奖学金的评定、学生活动的组织管理等工作。

当前，各学院的本科生班级普遍较多，面对数量较大的本科生群体，学校需要在学业、思想和心理方面进行全面、深入、细致的辅导。以班主任的专业知识背景、生活阅历，在承担正常的教学和科研任务之外，完全可以承担更有针对性的工作。但目前班主任的工作职责并不包含实质性管理工作，能够发挥的作用和影响非常有限。相比之下，辅导员承担一个年级数百名学生的日常管理事务，工作量非常大，很难充分了解每个学生的思想、学习、生活和社交状态。班主任与辅导员的这种分工模式，不仅难以满足本科生管理工作的实际需求，也不能发挥班主任和辅导员的优势。

措施建议：(1) 调整班主任与辅导员的分工，由班主任承担主要的学业事务管理、奖学金评定等务实工作和需要专业知识、背景的学业咨询工作。辅导员则主要负责思想政治工作和学生活动的组织管理工作。(2) 采取适当措施，要求和鼓励教师承担班主任工作。如在年度

考核、聘期考核中提出相应的要求。

该提案经院、校两级初审和提案工作委员会审核后，最终予以立案，由学校学工处主办，人事处协办。接到提案后，两个单位的领导分层牵头，立即开展承办工作，每次与提案人交流时，均亲临会场，充分听取提案人的建议。在反复沟通的基础上，学工处起草了《关于进一步加强和改进我校本科生教师班主任工作的指导意见》（以下简称《指导意见》），从思想引领、学业指导、职业规划、事务管理、班级建议等方面进一步明确了班主任的工作职责。人事处深入研究提案后，明确"学校制定《××大学关于进一步完善教师考核评价导向的若干意见》""45 岁以下青年教师申报高一级专业技术职务，须有担任一年辅导员或班主任工作经历并考核合格，2019 年起执行""将担任班主任或辅导员工作作为基本岗位职责，写进新进教师岗位目标任务"等回复意见。该提案的主办和协办的两个单位均获得提案人的满意评价，认为学工处的《指导意见》充分考虑了本提案的意见，人事处的回复也很有针对性。现将承办单位针对该提案的回复及提案人对承办单位回复的反馈意见引用如下：

一、主办单位学工处对该提案的回复

为进一步明确教师班主任工作的职责，建立辅导员与教师班主任协同育人的长效机制，学生工作处在《××大学本科生教师班主任工作暂行条例》的基础上，起草《关于进一步加强和改进我校本科生教师班主任工作的指导意见》，对教师班主任的工作职责明确如下。

1. 思想引领。坚持立德树人、思想育人，引导学生深入学习习近平总书记系列重要讲话精神和治国理政新理念新思想新战略。了解学生思想行为特点和思想政治状况，注重加强对大学生爱国主义教育和理想信念教育，并弘扬社会主义核心价值观。

2. 学业指导。立足学生学业的发展需求，开展专业引导、学业帮扶、学习能力提升等咨询辅导工作，注重因材施教与分类指导，引导学生了解学术前沿、参与学术研究、科技创新等活动，培养学生的创新精神和科研实践能力。

3. 职业规划。遵循学生的成长发展规律，为学生提供科学的职业规划，帮助学生树立正确的成才目标和就业观念，引导学生坚持“四个服务”，到祖国最需要的地方建功立业。

4. 事务管理。组织开展新生入学的适应教育、安全教育、心理健康教育，指导班级评优与帮扶工作，引导学生创先争优、互帮互助。

5. 班级建设。以“思想进步、学风浓厚、团结和谐、人人成才”为目标，指导班级制订实施班级成长计划。定期组织召开主题班会、团会等班集体活动，增强学生的集体荣誉感和凝聚力，营造健康向上的班级氛围，积极争创“优良学风班”和“优秀寝室”等集体荣誉。

为激励专任教师担任班主任，我校文件明确将教师班主任的工作经历及考核结果作为专任教师参评各级各类荣誉及奖项的参考条件。此外，学生工作处还提请人事处，将至少担任一年班主任的工作经历，且考核合格作为青年教师晋升高一级专业技术职务（职称）的必备条件。

（提案人的反馈意见：《关于进一步加强和改进我校本科生教师班主任工作指导意见》已经采纳了本提案的意见，应该点赞。建议进一步细化相关的制度设计，统筹推进，充分考虑推行过程中所遇到的困难和挑战，务求实效。）

二、协办单位人事处对该提案的回复

尊敬的×××等代表：

您好！关于“以学生为本，充分发挥班主任在本科生教育中的作用”的提案已收悉，感谢您提出的建议和措施。现对提案中的有关内容答复如下：

学校高度重视发挥人事人才政策的导向作用，鼓励广大教师积极投入育人工作。为全面贯彻落实中共中央、国务院印发的《关于加强和改进新形势下高校思想政治工作的意见》、中共中央印发的《关于深化人才发展体制机制改革的意见》和教育部印发的《关于深化高校教师考核评价制度改革的指导意见》等文件精神，学校特制定了《××大学关于进一步完善教师考核评价导向的若干意见》，其中要求“青年教师晋升高一级专业技术职务须有至少一年担任辅导员或班主任的工作经历并考核合格”，并在2017年度的专业技术职务的聘任工作中明确规定“45岁以下青年教师申报高一级专业技术职务，须有担任一年辅导员或班主任的工作经历并考核合格，2019年起执行。在2017年、2018年的空岗聘任工作中，对于满足该要求的申报人员，在同等条件下，院系可优先推荐”。同时，学校加强对新入职的青年教师投入育人工作的引导，将担任班主任或辅导员工作作为基本的岗位职责写入新进教师岗位目标任务中。未来我们也将进一步配合学工部门做好班主任的选拔工作，不断营造广大教师投入育人工作的浓厚氛围。

（提案人的反馈意见：人事处的回复很有针对性，对班主任工作的要求已经体现在教师考核评价的相关制度中。希望能够有效落实，并针对实际工作中出现的问题和典型进行总结，以完善和改进现有的工作。）

32. 如何撰写提案落实情况的报告？

企事业单位工会或职代会提案工作委员会（小组）对提案的落实情况要及时进行总结，形成书面报告，在职代会上向全体代表通报。

从各单位的工作实践来看，提案工作报告有两种写法：一种是综合性的提案工作报告，具体内容分为两部分：一是上次职代会提案办理情况；二是本次职代会提案征集和立案情况。另一种是只对上一年度职代会提案的处理情况进行专项报告，而不包括本次职代会提案的征集工作情况。两种写法各有所长，各单位可以结合自身实际，选择其中某一种写法。提案报告属于专业性比较强的报告，在文字方面要以事实为依据，用数据说话，层次清晰、内容全面，尽量做到对职工代表负责。

33. 如何开展优秀提案的评选与表彰工作?

开展优秀提案的评选和表彰活动是增强职工代表积极性、提出高质量提案的有效手段。企事业单位工会应推动行政建立提案评优与表彰机制，激励代表和提案承办单位以强烈的责任心、以扎实深入的工作作风，在调查研究的基础上，提出高质量提案，尊重代表意见，认真落实办理提案。

企事业单位工会应联合职代会提案工作委员会（小组）每年召开专题会议，对提案的内容、质量、可操作性、实施效果等方面进行一次综合评估，对先进单位和组织者进行考核，并择优评选“优秀提案”、承办提案先进单位（部门）。为鼓励职工代表提出高质量的提案、代表团（组）组织好提案、承办单位办理好提案，单位应设立和组织评选“优秀提案”“提案工作优秀组织奖”和“提案工作优秀承办奖”，并在职代会上进行表彰和奖励；调动和激发职工代表参与的积极性，不断提高提案质量；调动和激发提案承办单位和代表团（组）的积极性。大家要共同努力做好职代会提案工作，为企事业单位建设、创新和发展履职尽责、发挥作用。

(1)“优秀提案”的评选条件。

一是提案选题好。提案内容紧紧围绕本单位的生产经营管理、改革发展和职工普遍关心的重点、难点、热点问题，充分反映了所在选区乃至本单位全体职工最关心、最直接、最现实的意愿诉求，具有较强的群众性、代表性。

二是提案建议好。提案所反映的问题实事求是，提案中的有关措施和建议具有较强的针对性、可操作性，便于组织和实施。

三是提案落实好。提案办理落实工作扎实到位，提案人、附议人或代表团（组）对办理落实结果的评价均为满意；提案办理落实后，产生了良好的经济效益或社会效益，在推动本单位改革发展及维护职工合法权益等方面发挥了显著作用。

四是提案规范化。提案的书写符合提案文本规范要求，一事一案，案题、事由及建议措施等各项要素齐全，而且提案案题清晰准确、提案内容具体翔实、问题分析全面透彻、措施建议切实可行。

（2）“提案承办先进单位（部门）”的评选条件。

一是重视提案承办工作。在提案办理的过程中，有专人负责主动沟通协调，尊重提案人的权利，虚心听取提案人和代表团（组）的意见，积极创造条件落实。

二是提案办理认真负责，措施得力，讲求实效，答复意见有理有据，处理意见符合实际情况，处理落实工作卓有成效。

三是提案办理及相关材料上交及时，提案人的满意率高。

四是通过承办提案，促进职代会与民主管理工作的开展，促进本部门工作的开展，提高了单位的管理水平和服务质量。

（3）“提案组织工作先进集体”评选条件。

一是认真组织工会小组和职工代表深入学习民主管理知识，鼓励、组织职工代表进行调查研究，积极规范撰写提案。

二是及时进行提案初审，协助提案人修改完善提案，及时递交给提案工作委员会（小组），不积压工作。

三是代表参与面广，参与撰写提案或参与附议代表的人数占应到会代表人数的1/3以上。

四是组织递交的提案多、质量高。

企事业单位工会联合职代会提案工作委员会（小组）负责组织评选“优秀提案”“提案承办先进单位（部门）”“提案组织工作先进集体”。提案评选表彰工作的一般程序是：提案工作委员会（小组）召开专题会议，研究“优秀提案”“提案承办先进单位（部门）”等表彰建议名单，并形成书面稿提交大会；在职代会上，由工会主席或提案工作委员会（小组）负责人报告上次职代会提案工作情况，提出表彰建议；职代会审议通过《关于×届×次职代会提案工作的报告》后，下发《关于表彰×届×次职代会优秀提案和提案承办先进单位（部门）的决定》，对获得表彰的个人和单位予以一定的物质奖励。有的单位还会给所有递交提案或立案提案的职工代表发一份小纪念品。

提案的奖励依据主要是提案被采纳，且在实施后产生了经济效益或社会效益。具体可以参照国务院《合理化建议和技术改进奖励条例》的规定执行。有些提案无法估算其直接的经济效益，但对预防事故、保护环境、安全生产、提升公司形象确实能产生效果、带来间接经济效益的，也可以给予奖励。企事业单位要鼓励职工代表多提提案，但不能简单地下任务，更不能规定提一个提案“奖励”多少钱。

在实践中，为引导督促广大企事业单位更好地重视职代会提案工作，并提高职代会提案的质量水平，许多省市和产业系统工会开展了优秀提案的征集和评选工作。2019 年，中华全国总工会在全国范围内首次开展了“聚合力、促发展”全国优秀职工代表提案征集推荐活动，并精选了近百份优秀提案。

工作范例

【范例 1】关于聚焦教育改革发展，统筹推进“智慧教室”建设的提案

提案的主要内容：当前我国高等教育改革进入攻坚期和深水区，在规模结构、类型层次、对象群体、教学方式方法等方面都发生了深刻的变化。教室作为最重要的教学场所，是教学中很重要的环节。为了营造更好的教学环境，学校已经开展了多校区的教室升级改造工作，并即将对东校区的教室进行整体改造。通过调研，我们发现，之前的一些教室在改造后，还存在以下几个问题：（1）课桌椅的固定影响分组和讨论活动；（2）投影设备限制多媒体课件的多维度、交互呈现；（3）学生反映桌椅设计不符合人体工学，难以精神集中上课；（4）有些智慧教

室的投影设备对黑板有较大遮挡，导致教师书写板书空间不够。还有讲台和黑板之间的距离偏小影响老师上课。插座缺少的问题，导致学生无法长时间使用电脑进行课程设计。我们也对国外知名大学的教学环境进行了调研，发现他们有专门的部门进行教学环境设计，通过对教学场所和环境的数据分析、测试和收集反馈后，形成一个信息共享的平台。

因此，我们建议学校组织师生参与论证，围绕教、学、评等环节，将互联网、物联网、大数据、人工智能和多媒体等技术充分用于教学模式创新，构建以学习者为中心的新型学习空间。具体建议为：（1）组织师生和教学技术支撑部门从教学需求出发，论证现有教室的改造方案，增设互动性强的多种智慧教室；（2）对现有教学楼的环境进行整体优化，注重提升公共空间的文化氛围和环境品质；（3）建立一套覆盖前期沟通、测试试用、实施部署、智能分析、线上共享的完整流程。

组织实施及效果：这份提案共有附议人36名，引起了校领导的高度重视，经校提案工作委员会正式立案后，由教育技术中心主办、资产管理与实验室处协办。承办单位正式收到该提案后，会同提案工作委员会马上与提案人、附议人召开工作会议，进一步了解调研内容和意见建议，随后，多次召开任课教师和教务老师座谈会，更广泛征求对教室改造意见和建议。教育技术中心汇总了关于前期27间教室改造后的意见，同教务处、研究生院、基建处、资实处等部门多次讨论，并将一些合理化建议运用到正在进行的教学楼整体升级改造中。

学校针对已完成改造的27间教室，征求教师、同学的使用意见，有效促进了教室改造方案的优化。这些教室空间的改变增加了人均使用面积，适用于课堂分组讨论互动；设备的升级促进了新型教学模式的应用，师生普遍反响较好。学校还将“远程交互”“无线投屏”“图像识别技术”等技术运用到教室改造中，从而进一步推动教学方法的变革、教学模式的创新，引领教育信息化的创新发展。

推荐理由：学校的根本任务是培养人才，教学质量是学校生存之本，是学校的生命线。随着现代信息化教育的普及，只有将信息技术与教育、教学深入融合，才能不断促进教学改革和创新发展，从而提高人才培养质量。该提案内容聚焦当前高等教育改革，紧紧围绕人才培养的中心任务和发展大局、贴近学校师生普遍关心的热点问题，充分反映了教职工和学生最关心的意愿诉求。该项提案有36位职工代表主动附议，具有较强的群众性、代表性。该提案针对“智慧教室”的改造，做了充分的调研工作，广泛征集了师生的意见，并参照了国外学校的一些优秀案例，实事求是、有理有据。“智慧教室”的建设能够适应新时期网络技术的发展、学校管理和教学改革的需要，该提案以师生的需求和问题为导向，以未来发展为突破，具有一定的前瞻性。

【范例2】关于“带薪农忙假”的提案

提案的主要内容：公司现有职工930名，其中85%的职工是来自周边乡镇的农民工。大部分农民工家中都有土地，他们是家庭的主要劳动力。每到农忙时段，大量农民工选择休事假或离职，回家进行农业生产。此时，企业的职工流失率接近40%。大量农民工的离职给企业的生产经营带来影响，同时也给离职农民工带来再就业的压力。因此，化解企业经营和农民工农忙的“两难问题”显得尤为迫切。为此，我们建议增设“农民工带薪农忙假”，并做好轮流休假安排，既防止因人手短缺出现生产、质量和安全事故，又能兼顾农民工的切身利益。

组织实施及效果：经职代会提案工作小组审查后，同意立案，由公司工会承办。一是广泛征集意见，掌握第一手资料。公司工会以“如何解决农忙时节集中离职”为主题，开展问卷调查，收集职工的意见和建议，85%的农民工强烈要求增设“带薪农忙假”。经与公司管理层的多次沟通，公司工会决定通过集体协商的方式进行落实。二是确定代表，充分尊重双方意愿。公司工会依照法定程序民主选举3名职工方协商代表，除工会主席外，两位职工方协商代表均为本地农民工。三是开展协商，切实保障职工合法权益。公司工会先向企业发出集体协商《要约书》，要求对“带薪农忙假”进行协商。在协商中，劳资双方既考虑农民工的期盼和诉求，也考虑企业正常生产经营的实际情况，经过多轮协商沟通，最终达成了每人每年享受3天“带薪农忙假”的一致意见。随后，经公司职代会审议通过，“带薪农忙假”以集体合同的形式确定，职工代表提案得以落实。

提案切实帮助农民工解决了实际困难。“带薪农忙假”提案的落实，很好地解决了农民工的后顾之忧，有效缓解了农村农业生产中劳动力缺失严重的问题，企业劳动关系也更加和谐融洽。农民工群体在企业中拥有了更多的获得感和幸福感，增强了农民工对企业的认同感和归属感，这种极具人性化的管理，更能拉近企业与劳动者的关系。“带薪农忙假”体现了企业对农民工的人文关怀，增强了企业凝聚力和向心力，职工队伍更加稳定和谐，工作积极性得到提高，公司生产经营保持了高产、稳产、优质的良好发展态势。

推荐理由：该提案一是选题好。该企业是一家劳动密集型企业，职工中，农民工人数占比85%。由于企业内大量的农民工在农忙时节集中请假、离职回家务农，导致企业产品的产量、质量无法得到保障，企业每年都需要花大量精力、财力去引进和培训新员工。该选题围绕制约企业发展的难点，着眼于解决农忙时节企业经营与农业生产的“两难问题”，具有很强的针对性。二是提案措施好。提案兼顾企业劳资双方的利益，既建议设置“带薪农忙假”、回应农民工群体希望在农忙时节回家帮助农业生产的迫切诉求，又建议建立规范有序的休息休假制度、做好轮休安排、减少休假对企业生产带来的影响，相关措施和建议很有可操作性，得到了企业和广大职工群众的高度认可。三是提案效果好。劳资双方把“带薪农忙假”作为集体协商的重要内容，通过协商、共决方式，达成了每位农民工每年3天“带薪农忙假”的一致意见，并将其融入企业的日常管理制度。通过建立“带薪农忙假”，农民工也感受到了企业的关心关爱，职工队伍更加稳定、劳动关系更加和谐、企业经营管理更加有序，促进了企业健康持续发展。

延伸阅读

××大学教代会先进提案工作评选表彰办法

教代会提案工作（以下简称提案工作）是推进高校民主政治建设的重要措施，是教职工参与学校民主管理、维护自身合法权益，为学校改革、稳定与发展建言献策的有效形式。为鼓励基层单位关心支持提案工作、加强对提案工作的组织领导、激励教代会代表提出高质量提案、促进提案承办单位认真落实提案、不断提高提案工作质量，特制定先进提案工作评选、表彰办法。

一、评选、表彰类别

先进提案工作评选、表彰的类别为“优秀提案”“承办提案先进单位”“承办提案先进个人”“提案工作组织奖”四项。

二、评选条件

（一）“优秀提案”评选条件

1. 选题有代表性，紧紧围绕学校建设和发展的重大问题或教职工普遍关心的切身利益问题，具有全局性和前瞻性。

2. 经过深入调查研究，广泛征求教职工意见，所反映的问题能做到实事求是。

3. 所提意见简明扼要，建议具体，措施具有科学性，并在学校职权范围内具有可行性。

4. 书写规范，字迹端正，条理清晰，一事一案，一案一表，使用统一印制的提案表。

5. 在提案落实过程中，提案人积极配合、参与，得到提案承办单位和提案工作委员会的肯定。

（二）“承办提案先进单位”评选条件

1. 尊重提案人参与学校工作民主管理、民主监督的权利，充分重视提案承办工作，不推诿、不拖延。

2. 提案答复认真负责，答复意见有理有据、实事求是，虚心听取提案人和群众意见，尽力做到让提案人满意。

3. 主动组织协调提案落实工作，措施得力，注重质量，效果明显。提案落实工作自觉接受教职工和舆论监督。

4. 通过承办提案促进本单位工作，提高科学管理水平，增强责任意识和提高创新能力。

（三）“承办提案先进个人”评选条件

1. 尊重提案人参与学校工作民主管理、民主监督的权利，充分重视提案承办工作，不推诿、不拖延。

2. 提案答复认真负责，答复意见有理有据、实事求是，虚心听取提案人和群众意见，尽力做到让提案人满意。

3. 主动组织协调提案落实工作，措施得力，注重质量，效果明显。提案落实工作自觉接受教职工和舆论监督。

4. 通过承办提案促进本单位工作，提高科学管理水平，增强责任意识和提高创新能力。

5. 在承办提案过程中，能同所管辖的部门和主管的单位共同认真研究，做到亲自与提案人或有关人员面对面进行交流，零距离听取意见，亲自回复意见，并积极督促有关部门落实。

（四）“提案工作组织奖”评选条件

1. 党政工领导高度重视提案工作，围绕教代会主题，组织教代会代表和教职工深入调查和研讨，积极开展撰写提案工作。

2. 坚持“质量数量”提案工作理念，提交的提案具有代表性、全局性、可行性和规范性。

3. 提交高质量提案数量较多，并有多件提案被评为“优秀提案”，或提交提案的数量名列基层工会前列，且有“优秀提案”。

三、评选、表彰办法

1. 教代会提案工作委员会深入调研，认真审阅提案和承办单位落实提案的相关材料，提出初评意见，报教代会、执委会审批。

2. 根据每次教代会提案工作的实际情况确定评选比例和范围。

3. “优秀提案”“承办提案先进单位”“承办提案先进个人”每年评选一次；“提案工作组织奖”每届教代会评选一次。

4. 颁发“优秀提案”“承办提案先进单位”“承办提案先进个人”和“提案工作组织奖”证书和奖牌，给予适当物质奖励。评选结果通报全校，并在校内媒体进行宣传报道。

34. 职代会提案工作有哪些常见问题?

（1）部分职代会提案质量不高。目前，提案质量不高是各单位普遍存在的问题，主要表现为“三多三少”，即反映微观的事情多，考虑宏观的事情少；站在局部立场提的意见多，站在全局高度看问题的少；知下情的多，知上情的少。此外，还或多或少存在“乱、空、怠”的现象。“乱”是指部分提案内容在语言文字的表述上思路不够清晰、逻辑较混乱，此类提案给职能部门在处理提案时增加难度，在一定程度上影响了提案办理、回复的效率；“空”是指部分提案所提的问题太过宏观、笼统、可行性差，或缺乏可操作的具体措施；“怠”是指部分职工代表在撰写提案时没有进行认真的调查研究，所提的内容很空洞。

这与职工代表的综合素质和知情程度有较大关系。一是与职工代表的思想觉悟、知识结构等综合素质有关。事实证明，职工代表能否敏锐地发现问题，并加以调查研究，弄清情况，归纳提炼，提出可行的方案，在很大程度上取决于职工代表的综合素质高低。二是由于职工代表所处的环境和所从事的工作等原因，多数职工代表掌握的信息资源有限，很难了解企事业单位当前对某个问题的解决程度或者有哪些政策措施即将发布。三是有的提案是在参加职代会时临时提出的，缺少深入的分析思考，影响了提案质量。

（2）部分职代会提案的办理工作不够理想。这主要是指提案办理工作存在着进度慢、效果不佳等问题，通常与提案办理部门的重视程度和办理方法有关。一是个别承办单位在提案答复时，回避提案中的重点和难点问题，答复结果的分类界定不够清晰，提案办理的针对性不够强。例如：承办单位以“已列入计划”进行答复，但是无具体的计划和时间方面的表述，让许多职工代表搞不清楚，因此对该提案的满意度自然不会太高。二是个别承办部门办理提案进度缓慢，敷衍了事，主要原因为：首先，个别承办单位对提案办理工作的重视程度不够，没有充分认识到提案办理工作的重要性，认为职工代表的提案内容平淡，没有多大价值，以致影响了提案办理工作的进展。其次，在提案办理工作中，解决问题的有效手段有待进一步完善。有的承办单位在提案办理方式方法上流于形式化，特别是遇到难题时，缺乏有效的解决手段，使问题久拖未决，影响了提案办理工作的效率。最后，各承办部门的密切配合意识有待进一步增强。部分职代会提案不是依靠某个职能部门就能解决的，需要协办单位配合主办单位共同推动落实。由于个别承办单位不积极沟通，工作中不进行协调配合，甚至互相推诿，影响了提案办理工作的实效性。

35. 如何提高职代会提案的质量？

（1）增强职工代表参政议政的意识，加强宣传动员是提高职代会提案质量的首要环节。征集职代会提案，宣传工作至关重要。企事业单位工会要通过各种渠道在职工中进行广泛的宣传动员，要使职工代表充分意识到做好提案工作是广大职工群众表达愿望、提出利益诉求的重要渠道。他们作为意见的传递人，需要按照提案的规范要求写出提案。只有宣传动员工作做到位，提案的质量、层次才能逐步提高，职工的积极性和创造性才能有所体现。

（2）不断提高职工代表撰写提案的水平是提高提案质量的先决条件。要引导职工代表选择职工群众所关心、有意见或反映强烈，而单位领导或有关部门还没有注意到或正在寻找解决办法的问题，特别要关注带有综合性、战略性、前瞻性的问题，并提出提案。要鼓励职工代表多做调查研究，不可道听途说，影响提案的严肃性。要倡导职工代表多做案头工作，注重提案内容思路清晰、文面工整，把职工的意见按照规范要求写出来，确保提案的可行性、严肃性。所提的提案要力争做到“三有”：有情况、有分析、有措施建议。即反映问题应明确具体、言之有物、持之有据、针对性强，力戒抽象空洞、“有骨无肉”或“有肉无骨”；说理部分要事实清楚，论据充分；建议部分提案应有解决问题的具体办法和措施。

（3）职工代表知情明政，搭建平台，是提高提案质量的重要基础。知情明政就是要把党和国家的大政方针、企事业单位的重要事务及时提供给职工代表。只有积极为职工代表知情明政创造条件，提案的质量才有可能提高。因此，必须积极公开单位内部的相关信息，充分利用各种宣传手段，让职工代表及时准确地掌握了解单位现状和发展目标，只有这样才能让职工代表更广泛、更深入地了解单位所需。企事业单位工会可以采取组织职工代表学习培训，请单位相关职能部门通报工作进展、存在的问题和困难，以及正在采取和将要采取的一些政策措施等情况，从而让职工代表了解得更全面、更准确。

（4）充分发挥职代会各专门委员会（小组）的作用，有利于提案质量的提高。职代会提案工作是企事业单位工会一项十分重要的工作，它与工会的其他工作密不可分。一是通过归纳整理每年的职代会提案，可以看出职工群众较为关心的热点、焦点问题。这些问题往往与职代会各专门委员会（小组）重点关注的问题有联系，各专门委员会（小组）应选择重要的问题，深入调查研究，不断丰富提案内容，使提案质量更高。二是职代会各专门委员会（小组）也可以将其通过调查形成的有深度、有代表性的热点问题作为提案提出，这样也能使提案质量得到提高。

（5）抓好提案的审查把关，严格审查，慎重立案，是确保提案质量的重要环节。所以一定要按照提案的要求，按照能够促进单位发展、提高产品或服务质量、加强公司管理、促进经济效益提高、维护职工合法权益等方面的要求作为立案标准，认真登记、仔细分类、精心核对，进行审查；要注重在与职工代表积极沟通的基础上，将反映问题比较相近、情况比较相似的提案进行合理的整合归类，以便更加集中有效地反映问题、提出对策。此外，还要坚持提案宁少毋滥的原则，严把提案质量关，慎重立案。如对建议笼统，无新招、无实招的提案，建议职工代表进一步修改补充。

36. 如何提高职代会提案的办理质量？

提案质量和办理质量是提案工作中两个同等重要的环节，二者紧密联系、互相促进、互相影响。一份高质量提案的产生，需要提案人付出很大的努力，如果工会办理得不认真，必然会挫伤提案人的积极性，长此以往，不仅提案的质量会下降，数量也会减少。因此，只有将提案真正办好，做到事事有着落、件件有回音，让提案人的劳动成果得到肯定，才能进一步激发职工代表撰写提案的热情和激情，提高提案的质量和数量。在职代会提案审查立项后，为提高提案的办理质量，企事业单位工会需要着力抓好以下几个方面的工作。

（1）争取党政支持。提案工作是一项政治性、政策性、全局性都很强的工作，要做好提案工作，必须积极争取单位党政领导的重视和支持。一是提请主管领导审阅批示重要提案，明确要求有关部门认真研究、予以解决，推动提案的采纳和落实。二是重点提案由分管领导领办、督办。分管部门就重点提案的处理建议形成议题呈报行政办公会议，促使提案涉及的问题得到科学的解决。

微案例

根据L公司的规定，在岗三年以上的正式职工享有免费体检的福利。近年来，随着企业发展的需要，企业招聘了较多的青年职工。按照原规定，这一部分在岗未满三年的职工以及劳务派遣人员无法享受免费的体检福利。为使好事办好、实事做实，福利惠及全体职工，一位职工代表在提案中建议缩短可享受健康体检的工龄，并让在岗的劳务派遣人员也能参加，进一步保障职工利益。公司工会收到这份提案后，通过召开座谈会、发放职工体检咨询意见单等形式，广泛听取职工意见及建议，并进行梳理汇总，在大多数职工表示赞同的基础上，与行政方进行集体协商，并在职代会上予以审议通过。这一提案得到了广大职工尤其是青年职工和劳务派遣人员的普遍认可和赞同，他们纷纷感谢公司领导在思想上和生活上的关心，激发了他们要努力为企业服务的信心和决心。

（2）注重整合资源。要充分发挥各职能部门的主动性和积极性，努力形成党委协调、行政主抓、工会组织有专人负责、职能部门认真落实的局面。对涉及多个职能部门的提案，应适时召开提案工作推进会，促进提案的有效落实。在具体落实中，工会要主动跟进提案办理进度，积极协调各部门的关系，主动向党委领导请示汇报，与行政领导沟通并交换意见。

微案例

W公司的第四期船舶厨工培训班近期正式结业，约40名来自该公司的厨工接受了为期一周的专题培训。培训内容涉及如何调整船员饮食结构、如何巧妙搭配健康饮食等。为什么要举办这样一个特殊的培训班？一切还要从职代会上的一条提案说起。在该公司年初的职代会上，一条关于“如何改善船员饮食结构”的提案引起了公司工会的注意。

公司在国内现有疏浚施工船 16 艘，厨工缺口较大。此外，受到施工地等客观因素影响，疏浚船一般每十天才能采购一次食材。如何利用现有食材进行合理搭配成了摆在厨工面前的一道难题，而且不少船员对船上的伙食也是颇有怨言。于是，职工代表就在公司职代会上递交了上述提案，该提案得到了公司领导的高度重视。职代会后，在工会的牵头下，人力资源部聘请专业厨师制订培训计划，编制了相关的船舶厨工培训手册，并开办了首批厨工培训班。厨工返岗后，手艺精进了不少，船员们普遍反映良好，感叹伙食好了，工作起来更有干劲了。

（3）及时做好提案转办工作。工会对审查立项的提案，应立即转给办理部门。办理部门对交办的提案要抱着对职工代表负责的态度，高度重视，专人负责。凡需几个部门共同办理的提案，则可由主办部门牵头与协办部门协商处理，并要求办理部门在接到提案后一个月内提出书面处理意见。

（4）认真抓好承办落实工作。提案办理部门受理提案后，由部门主要负责人召集人员组织研究、落实方案，并确定该项提案的责任人、具体措施、完成时间、所需经费及人员安排等，使职代会提案事事有交代、件件有回音。凡是急需而又有条件解决的提案，要集中力量在最短时间内落实解决。

（5）加强跟踪督办。工会在办理部门承办的过程中，要及时了解和掌握提案的办理情况，协调提案人和承办单位的关系，对有些提案要进行督办，提高提案办理的透明度。

（6）组织职工代表定期视察。组织职工代表定期对提案的落实情况进行视察和检查，职工代表的面要广，不仅包括职工代表中的领导干部，还要让更多来自一线的职工代表指出职能部门在提案处理过程中的不足，提出整改措施和建议，以此来提高职代会提案处理的质量和效率。

（7）积极办理提案答复工作。要让职工代表满意、让职工群众感到职代会是为职工说话的地方，就必须在提案办理、提案答复方面做出成绩。各办理部门要积极负责提案办理，规范书面答复工作，送交提案人和同级职代会工作机构。对暂时未落实的提案也要说明原因，由分管领导审定签发，在规定的时间内作出答复。对于一些热点、难点问题以及落实情况不满意的提案，工会应适时组织相关部门与提出提案的职工代表召开座谈会，对存在的问题当面交换意见，以取得相对一致的认识和解决方式，从而提高职工代表对提案工作的满意度和积极性。

（8）实施必要的激励机制。为提高职工代表的参政热情，增强提案办理部门的责任意识，进一步规范职代会的运作程序，有必要实施激励机制。如开展“优秀提案”和“最佳提案”的评选，鼓励职工代表提出高质量的提案，有条件的单位可将其编印成册，下发各分工会、工会小组，同时对提案办理落实成效显著的部门一并奖励，以推动职代会提案工作。

总之，提案质量和办理质量是提案工作的生命，企事业单位工会要努力引导职工代表撰写高质量的提案，督促有关职能部门认真办理好提案，真正使职代会提案工作成为促进企事业单位发展与维护职工权益的有力平台。

微案例

S市电信公司有一支上万人的业务外包人员队伍，他们分属于多家服务电信的外包公司，从事话务、安装维护等基层一线工作。他们不是电信的员工，但是他们直接面对客户，代表着电信公司的形象。如何改变外包员工的工作环境和工作待遇呢？

一位区局的职工代表在深入调研的基础上，向公司职代会提交了“关于加大对外包员工关爱力度的建议”。这位职工代表之所以撰写这份提案是因为营业厅外包人员的流失。职工代表从营业厅经理那儿了解到，离职的员工都是部门的骨干，由于待遇等原因，他们离开了。于是，这位职工代表通过提案向公司提出了关爱外包员工的建议。

该提案得到了公司领导的高度重视，并提出，要让每一位外包从业人员共享企业发展的成果。公司先后召开了相关的专题研讨会、座谈会，和外包员工面对面，了解情况、商量对策。公司上下达成了共识：这些员工也是公司价值的创造者，他们的工作也是电信公司核心竞争力的重要组成部分，企业也要成为他们温馨的“家”，要提升外包从业人员对企业的归属感、认同感和忠诚度。

之后，公司出台了“关怀业务外包从业人员”计划。这份计划共有5项内容：一是凡公司外包业务的承包单位均建立工会组织，外包员工能够参与电信基层单位的各种工会活动；二是畅通诉求渠道，建立外包单位从业人员的季度沟通制度；三是外包员工可以与电信员工共享文体设施；四是电信工会出资500万元，设立外包员工岗位成才奖、贡献奖；五是电信工会出资300万元，建立外包员工帮困金制度。

延伸阅读

S报业集团诚心用心，认真落实职代会提案工作

S报业集团召开集团三届二次职代会期间，职工代表们结合《集团××××年工作总结》和《集团××××年工作意见》，围绕职工关注的热点、难点问题，认真审议文件，充分表达意愿，积极建言献策，依法履行职责，共提交提案33件。其中，涉及内部管理8件、后勤保障13件、职工福利7件、职工培训2件、文化建设3件。4个月来，经各方共同努力，提案落实答复工作取得了阶段性成效，主要呈现三方面特点。

一、高度重视，不摆“花架子”

集团把职代会提案落实答复工作作为完善信息沟通交流机制的一项重要内容，并明确指导思想，提案落实答复工作是一项十分重要而严肃

的群众工作，既反映各级领导的群众观点，又检验职能部门的服务能力；在提案落实答复过程中，要将心比心、诚心用心，重视和推动实际问题的解决，让全体职工切身感受到集团的文化。集团党委书记、社长等领导分别两次主持召开提案落实答复工作推进协调会，专题研究和明确提案落实的责任部门和答复意见，不摆“花架子”，切实解决好职工群众最关心、最直接、最现实的利益问题。集团党委每位班子成员都认真审阅提案答复意见汇总稿，逐字逐句进行修改，最后提交集团党委会审议通过。截至目前，已经落实的提案有16件，占提案总数的48.49%；正在协调落实中的提案有10件，占提案总数的30.3%；需要说明的提案有7件，占提案总数的21.21%。

二、积极务实，透出“新气象”

重视职代会提案落实，是关心职工诉求的具体体现，是党的群众路线教育的重要抓手，也是倒逼职能部门增强服务意识、提高能力和水平的有效途径。集团职能部门、群团组织、三大报社党政办等17个部门，相互配合、通力合作，对提案逐一进行认真分析、处理和答复。凡有条件解决的提案，要及时落实；因条件所限一时难以解决的提案，要列入计划、创造条件、逐步落实；确实无法解决的提案，要实事求是地说明理由，向提案人做好释疑解惑工作。为了更有效地推动实际问题的解决，这次提案落实答复工作透出了集团群众工作的“新气象”，杜绝“官样文章”，提案落实答复过程做到了以下三个环节：

1. 在落实过程中做到即知即改。为了推进提案的落实答复工作，对有些因信息不对称等因素造成的比较容易落实的提案列入即知即改，及时予以整改。如为一线职工开通局域网登录渠道的提案，新闻宣传管理办公室和信息技术中心马上提出解决方案，详细介绍了两种登录方式，还开通了内容热线和技术答疑热线。如关于组织在职职工子女开展夏令营等活动的建议，集团妇委会举办了为期一天的职工子女“拥抱自然，快乐成长”的夏令营活动等。

2. 在落实过程中做到先急后缓。在提案的落实过程中，由于受到条件、环境、区域的限制，有些提案一时无法被解决，如关于改进报业大厦食堂夜间服务及调低菜价的建议，由于报业大厦的食堂合同承包期还未到，相关职能部门与承包方积极沟通，在服务时间上作了调整，其余待合同到期后再调整。如关于更换报业大厦一楼超市的建议，也是由于承包合同期未到，相关职能部门积极做好待合同到期后重新招标的工作方案。

3. 在落实过程中做到先易后难。在落实答复提案过程中，对解决条件暂时不具备的事项，按照先易后难、先单项后综合的步骤，逐步做好落实工作。如关于集体国有资产转移与保护广大职工权益的建议、关于提升电脑采编系统能效的建议等，坚持能落实的即时落实，对有些涉及政策的要及时说明或对集团整体工作带来影响的也要及时说明。

三、有效反馈，提高“三个率”

在推进提案落实过程中采取三大措施：加大对提案答复的反馈力度，加大对提案落实的督办力度，建立提案落实工作的评估制度。职代会提案组向职工代表书面反馈提案落实答复意见，并将职代会提案落实答复工作的有关情况刊登在集团网上。集团召开职工代表情况通报会，通报集团三届二次职代会提案落实答复工作情况，会上请职工代表对提案答复测评，既让职工代表广开言路查找问题、集思广益解决问题，又让职工代表对提案答复落实给予客观评判。

在提案落实答复过程中，集团注重提高“三个率”。

1. 答复率。集团党委高度重视职工代表提案的答复、落实工作，两次召开提案答复推进、完善、落实工作协调会，把落实提案作为促进工作、注重民生、凝聚人心、加强企业文化建设的有力抓手。在短短1个多月内收到33条提案答复，提案书面答复率达到100%。

2. 落实率。集团党委将提案落实工作作为一项严肃而重要的群众工作，按照“即知即改、先急后缓、先易后难”的原则，做到件件有人抓、件件有落实。经集团相关17个部门的共同努力，提案得到了较好的落实。目前，已落实或正在协调落实中的提案有26件，落实率达到 78.79%。

3. 满意率。在提案答复通报会的基础上，提案组下发了 33 份提案落实书面测评表，请职工代表对提案答复落实情况给予客观评判。据统计，满意率达到 97%。有位职工代表感慨地说："我们的提案虽然没有被采纳，但集团党委高度重视职工的诉求，我们很感动。相关职能部门委托工会组织召开提案座谈会，听取意见，论证提案落实的可能性，工作很到位。"

S 报业集团的转型、改革、创新、发展、稳定是一台"大戏"，广大职工群众都是这台戏的"主角"，群策群力，唱好、演好、导好这台戏是报业人共同的心愿；百舸争流，奋楫者先是报业人共同的追求。报业集团将提案答复和落实工作作为开展党的群众路线教育的重要抓手，以此推进集团深度融合、深远发展、深化改革。

37. 如何为职工代表撰写提案创造有利条件？

目前，在各单位的职代会提案工作中，普遍存在职工代表不愿提、不敢提和不会提的现象，在很大程度上影响了职代会提案的质量。对于这一问题的解决，关键是在选好职工代表的基础上，企事业单位工会还要积极创造条件，为职工代表参与提案工作提供各种工作支持和便利条件。

（1）加强业务培训，提高职工代表工作水平与履职能力。

针对部分职工代表思想认识不足和专业知识不足的问题，企事业单位工会要为职工代表履职能力的提高提供相应的培训指导。

首先，增强职工代表参与提案工作的责任意识。在每届职代会代表产生后，应对其进行任前培训。在培训中需要特别强调职工代表参与职代会提案工作既是职工代表的权利，也是职工代表的义务。尤其要引导职工代表跳出个人利益、小团体利益的"圈子"，围绕单位当前的中心工作以及广大职工群众关心的热点、焦点问题策划选题，写出有情况、有分析、有建议的提案。

其次，加强对职工代表的专题培训，切实提高代表的提案工作能力。在给职工代表制订培训计划时，可以有针对性地安排“如何提高职代会提案质量”或“如何撰写职代会提案”的专题培训讲座，可以请在民主管理工作领域的专家为职工代表讲授相关知识。在内容上，要讲透提案有什么意义和作用，它的规范要求是什么，以及职工代表如何选题、如何进行调查分析、如何提炼观点、如何规范填写提案表等。

例如，以“解决厂内乱扔垃圾的问题”这个提案为例，完整的提案撰写可以从以下几个方面阐述：①问题描述。如在厂里乱丢垃圾的现象、每天产生的垃圾数据、现在的处理办法等。②问题后果。如乱丢垃圾对企业形象的破坏、对工作环境和工作秩序的妨碍、对原材料的浪费、对企业职工素质的影响等。③措施建议。如加强宣传教育、制定相关制度、分工负责包干、收集垃圾办法、实行检查机制、落实处罚手段等。

最后，探索提升职工代表撰写提案能力的有效方式。如果条件允许，在培训中可以采用案例分享的培训方式，请职工代表中的“优秀提案奖”获得者分享自己的工作经验、感受与体会；请与会代表介绍各自的做法、体会以及在工作中的困惑与思考。通过采取“代表沙龙”的方式进行交流研讨，彼此在交流与沟通中共同提高提案工作水平、促进整体工作的开展。

（2）加强组织协调，为职工代表参与提案工作创造有利条件。

首先，为职工代表提供选题参考。企事业单位工会可以列出征集提案的参考课题，发给职工代表参考，指导、帮助职工代表找准相关问题的切入口。选题的重点通常为：第一，分析当前单位发展的内外形势，根据本单位改革发展中存在的问题，拟订出相关的课题；第二，梳理出本单位在加强管理、节能降耗、产品质量、安全生产、后勤服务等方面的问题；第三，调查了解职工对单位管理、收入分配等方面的意见和要求；第四，紧扣本次职代会的重点议题内容。

其次，要为职工代表开展专题调研提供方便，协助职工代表以召开座谈会等形式，广泛征求职工的意见和建议，归纳整理，并分析问题症结，形成书面材料。此外，工会要督促行政实行厂务公开，按照规定公开各类事项，以便职工代表能充分了解本单位的实际情况，从而有针对性地提出提案。

最后，工会要帮助指导职工代表完善提案、提高提案质量，并规范填写提案登记表。必要时组织专业人员或协调有关职能部门帮助职工代表归纳、完善提案，提高提案的质量。

延伸阅读

完善闭环管理机制　提高提案工作水平

近些年来，××石化公司以职代会提案工作为切入点，组织职工在参与企业生产经营管理、维护职工合法权益中发挥了积极作用。在职代会质量评估工作中，职工代表对提案工作质量非常关注，对其作用效果也是非常认同，同时也对提案的审理进度、答复速度和落实力度提出了意见和建议。为此，公司工会在总结和提炼以往经验成果的基础上，结合企业民主管理实际进行了深入调研，形成了《注重抓好三个环节，从源头上提升提案工作质量》《跟踪提案反馈意见，综合评价提案落实质量》等课题报告，并在原有《提案工作管理办法》的基础上，提出了提案工作闭环管理模式，编制了提案工作流程和巡视评估工作流程，对提案的征集、预审、落实、巡视、评估和反馈等环节作出明确的时间和操作规定，由此促进了各项提案的有效落实。他们的主要做法是：

1. 在提案征集前加强培训指导。公司工会通常在职代会召开前一个月，将征集职代会提案的通知和提案单下发到各职代会代表团（组），专门组织民管干部进行专题培训，提出本次职代会对提案工作的要求，并由民管干部专门负责培训本选区职工代表。同时，各代表团（组）负责通报中国石化以及××公司的有关政策文件、重要工作进展情况，然后召开职工座谈会，对相关议题进行专题调研，扩大职工代表的知情面，让职工代表了解的情况更全面、更准确，有效促进提案质量的提高。

2. 在提案审理中加强分类论证。公司工会编制了提案审理工作流程，对二级单位工会、提案审理委员会的审理环节作了明确规定。一般情况下，各二级单位工会对提案进行首轮预审，然后由职代会提案审理委员会根据提案内容的重要性、针对性和可操作性等情况，通过论证、委员审议等步骤，对提案逐条进行审理，将提案分为“立案”“建议”“不予受理”三类，并在提案征集截止日后的30天内，将审理意见反馈至职工代表。其中，工会对提案里比较集中的问题，作为“合并提案”进行归纳修改后重新提出；对不符合提案规定或者提案内容有明显缺陷的，作为“修缮提案”，指导职工代表进行补充完善；对涉及职工切身利益和职工关心的热点、难点问题的，作为“调研提案”提交职代会相关专门委员会进行调研，先后形成了《注重抓好三个环节，从源头上提升提案工作质量》《职代会民主评议干部工作的改进和完善》《关于完善职工利益诉求表达和利益协调机制的探索与实践》《关于职工生活福利待遇的现状和对策分析》《公司环境保护的现状分析与对策》《公司酸性气燃烧排放对周边环境的影响与建议》《公司职工劳防用品现状调查与分析》《食堂价格形成机制及供应标准化》等课题调研报告。

3. 在提案落实期加强评估反馈。公司工会专门编制了提案工作流程，拟定了提案落实对口表和巡视评估表，由巡视评估员每人对口1~2个提案，全年负责提案落实的跟踪督办，与落实部门责任人进行沟通，了解并记录提案进展情况，并及时反馈至职工代表。对落实情况不太满意的提案，公司工会在年中牵头召开“提案集体答复会”，组织职工代表、巡视评估员与承办部门进行面对面沟通，详细了解提案办理情况，对存在的问题当面交换意见，以取得相对一致的认识和解决方式。年底，提案审理委员会组织巡视评估员和提案人对提案落实情况进行满意度测评，同时提出“最佳提案”和“提案落实工作先进部门”建议名单，形成书面材料反馈至公司工会，于下次职代会向全体职工代表报告。

通过多年职代会提案工作的实践，公司已经形成了提案工作闭环管理模式，对促进提案有效落实、加强企业民主管理具有较好的借鉴启示作用。

一是加强职工代表的培训，提高提案征集质量。通过座谈交流、专题调研、定期讲座等形式，积极为职工代表知情明政、建言献策创造条件。同时，进一步细化、规范提案征集单内容，并编印《优秀提案汇编》，有效提高职工代表书写提案的水平。

二是发挥专门委员会的作用，提高提案审理水平。提案审理委员会在对提案进行逐件分类的基础上，强化分析论证和走访调研工作，对不符合立案条件，但选题切合实际、具有一定价值的提案，采取“审查—完善—再审查—立案”的审理模式，提高立案率和提案质量。

三是转变承办部门的作风，增强提案落实效果。在日常督办协调的基础上，进一步转变承办部门的工作作风，对一些办理难度较大、老案重提或已列入实施计划的提案，主动登门走访提案人，征求意见和建议，使提案得到有效落实。

38. 如何健全职代会提案工作机制?

建章立制，完善提案工作机制是提高职代会提案工作整体质量的必要条件。为保证提案质量的不断提高，企事业单位工会要建立健全相关的规章制度，努力实现提案工作规范化、制度化。

（1）建立健全提案工作的规章制度，不断规范提案工作程序。要制定和实施职代会提案工作规则或实施办法，以及重点提案的确定和办理办法等制度文件。规范提案工作的审查、立案、执行、再审和反馈公布等各项处理程序，进一步提高职代会提案工作的管理水平。

(2) 建立与提案工作相联系的职工代表调研制度，努力提高职代会提案工作的质量。要紧紧围绕企事业单位发展的中心工作，组织职工代表精心选题，深入调查研究，提出切实可行的意见和建议。要将提案工作与激发职工智慧和创造性的合理化建议等活动结合起来，进一步发挥提案工作在完善企事业单位管理、促进发展中的积极作用。

(3) 探索提案工作的考评和激励制度。要建立健全提案工作考核机制，通过评选优秀提案等形式，引导职工代表重视提案工作，提高职工代表对提案工作的认知度和参与度。要把提案办理工作纳入部门年度责任目标考核，并形成制度，联合开展提案办理年度考评工作，对提案办理工作的先进部门给予表彰，对办理工作不到位或敷衍了事的部门，给予通报批评。

工作范例

××大学教职工代表大会提案工作办法

第一章 总 则

第一条 教职工代表大会（以下简称教代会）提案是教代会代表行使参与学校民主管理和民主监督职能的重要形式，是促进学校内部管理体制改革和民主决策、科学决策的重要渠道，是激发教职工主人翁责任感，群策群力建设世界一流大学的重要途径。认真征集和督办提案是教代会的一项重要工作。根据《××大学教职工代表大会实施细则》，结合我校教代会提案工作实际情况，制定本办法。

第二条 教代会提案是教代会代表就学校的改革发展及教职工普遍关心的问题，在广泛征集教职工意见和调查研究的基础上，按照规定程序向教代会提出，经提案工作委员会审查立案后交承办单位办理的书面意见和建议。

第三条 教代会提案工作必须遵照党的路线、方针、政策和国家的法律、法规，围绕学校改革、发展、稳定和将我校建设成世界一流大学的奋斗目标，充分发扬民主，广开言路，反映广大教职工的意愿。

第二章 提案工作委员会

第四条 提案工作委员会是教代会设立的专门工作委员会。提案工作委员会在教代会常设主席团的领导下负责提案工作，由主任、副主任和委员若干人组成，其成员从教代会代表中产生，由大会筹备委员会和各代表团协商推荐，经大会主席团审议后，提交教代会表决通过。委员会实行常任制，任期与教代会届期相同，委员可以连选连任。

第五条 提案工作委员会的职责

（一）依照规定的程序，组织和征集提案。

（二）对收到的提案审查立案，并向学校提出承办单位建议方案。

（三）对提案的办理进行检查和督促，推动承办单位认真办理提案。根据实际需要，组织提案人与承办单位座谈或实地考察。对提案办理不符合要求的，及时商请承办单位重新办理。对提案办理不够认真的，向学校主管领导报告，督促承办单位加快处理或重新办理。

（四）对提案处理的情况进行满意度调查，并组织提案人与承办单位负责人进行沟通。

（五）向教代会报告提案的审查立案和办理情况等工作。

（六）组织评选“优秀提案”和“先进提案承办单位”。

第六条 提案工作委员会必须在每次代表大会召开之前举行全体会议，进行提案审查，研究提案办理情况，准备提案工作报告。

第三章 提案的提出

第七条 教代会代表应以认真负责的态度行使提案权，撰写提案前需进行广泛深入的调查研究，以保证提案质量，提案应该注重科学性和可行性。

第八条 提案可由正式代表提出，也可以代表团或教代会专门委员会名义提出。

第九条 提案的基本要求

（一）提案应当坚持严肃性、科学性、可行性，围绕学校中心工作和教职工普遍关心的问题建言献策；

（二）提案须一事一案，实事求是，简明扼要，做到有案由、有分析、有具体的建议。

第十条 提案格式

（一）正式代表提出的提案，须由1位代表提出，2位（含）以上正式代表附议，且每位提案人、附议人都应在书面的提案表上亲笔签名。以代表团、教代会专门委员会名义提出的提案，须由团长或专门委员会主任签字。

（二）提案人可以提出提案类别和承办单位的意向。

（三）提案必须包括以下三部分：

1. 提案案题，即要求解决的问题题目。

2. 提案理由，即提案人应说明提出本案的原因、根据和情况分析，最好有可行性调查。

3. 整改建议，即提案人应提出解决问题的建议或措施。

（四）为保证提案质量，字迹应工整，符合规范，每个提案须同时递交纸质文本和电子文本。

第十一条 提案征集时间

（一）每年教代会召开前征集1次提案。

（二）提案征集的时间一般为教代会开幕前1个月至教代会闭幕后1个星期。

（三）超过截止日期收到的提案，作书面意见和建议处理。

第四章 提案的审核

第十二条 各代表团收到代表提案后，依据本办法第九条、第十条对提案进行预审查，然后送交提案工作委员会。

第十三条 提案工作委员会本着尊重和维护提案者民主权利、保证提案质量的原则，对收到的提案进行审查，符合本办法第三章规定的，予以立案。对不符合立案要求，但有参考价值的提案，作为“意见和建议”转送有关部门直接答复提案人。

第十四条 有下列情形之一的，不予立案：

（一）内容涉及国家机密。

（二）属于学术研讨。

（三）指名举报或揭发问题；涉及民事纠纷或进入刑事、行政诉讼以及仲裁程序。

（四）为代表个人或他人解决个别问题。

（五）内容空泛、建议笼统。

（六）学校职权范围之外。

（七）教代会规定职权以外。

第五章　提案的办理

第十五条 提案办理根据提案内容，归口办理，由校长或分管校长签署意见后交校长办公室负责转有关部门或单位办理。

第十六条 对涉及2个（含）以上单位协同办理的提案，主办单位和会办单位应当积极配合，主动协商解决。主办单位和会办单位意见不一致的，要协商一致后再答复提案人。审查意见指明分别办理的，由各有关承办单位分别答复提案人。

第十七条 提案承办单位收到提案后，应高度重视、认真研究代表提案，并在1个月内提出处理意见。如情况复杂不能在期限之内办理完毕的，可适当延期，但应在年内办复并向提案人说明情况。同时，还应当向提案工作委员会说明延期的原因和拟办日期。

第十八条 承办单位应当主动加强与提案人的沟通，共商解决问题的办法，并征询提案人对办理复文的意见。如提案人对办理结果不满意，承办单位应重新研究，作进一步的答复。

第十九条 在提案办理过程中，提案人可以通过提案工作委员会向承办单位了解有关提案办理情况，参与提案的办理，承办单位应积极配合。

第二十条 对提案复文的要求

（一）在复文上须注明“办理结果”，明确标明提案所提问题“已经解决”“基本解决”“正在解决”“已列入计划准备解决”，提案所提问题因受目前条件限制或其他原因暂时不能解决的，标明“留作参考”或“不可行”。

（二）对办理结果列为“正在解决”“已列入计划准备解决”的提案，在办理结束后要进行再次答复，把跟踪办理情况向提案人作进一步说明。

（三）提案复文要按统一格式行文，一式二份，一份给提案人，另一份抄送提案工作委员会。复文中要注明联系电话和联系人，并加盖复文单位公章。

第二十一条 提案工作委员会对提案中反映学校亟待解决、教职工普遍要求改进的问题，对推动学校工作有重要作用并具有较强可行性的提案，可以选作重点提案，进行重点办理。

第二十二条 对于重点提案，可以采用提案工作委员会、提案人、承办单位相结合的协商座谈、实地考察、专题调研、走访等方式，推动办理工作，保证办理质量。对提案中当年不能解决的重要问题，要跟踪督办，促进落实。

第六章 评选与表彰

第二十三条 为鼓励教代会代表提出高质量的提案、承办单位认真办理提案，提案工作委员会根据实际情况，组织评选“优秀提案”和“先进提案承办单位”，并由学校给予表彰。

第二十四条 “优秀提案”一般应符合下列条件：

（一）选题好。提案内容紧紧围绕学校改革和发展中的重要问题、难点问题以及教职工普遍关心的热点问题等。

（二）立意高。提案在近期内虽然难以实现，但富有改革创新意识，对学校今后建设与发展具有一定的意义，并被学校所重视。

（三）合规范。提案符合要求，做到一事一案、一案一表，案题、案由、建议等各项要素齐全，条理清晰。书写规范，打印或用档案墨水书写，字迹端正，纸质材料和电子文本齐全。

（四）可操作。提案经过深入调查研究，广泛征求教职工意见，所反映的问题真实可信、实事求是。提出的建议符合学校目前的经济状况和物质条件，措施具体，便于办理，具有可操作性。

（五）效果好。通过该提案的办理对推动学校改革发展、维护教职工权益、促进教职工队伍建设等方面起到积极作用。

第二十五条 “先进提案承办单位”一般应符合下列条件：

（一）尊重提案人对学校工作民主管理、民主监督的权利，充分重视提案承办工作，不推诿、不拖延。

（二）承办提案数量较多，办理提案措施得力，讲求实效，注重质量。

（三）在提案办理过程中，主动组织协调，虚心听取群众意见，自觉接受舆论监督。

（四）提案办理认真负责，答复意见有理有据、实事求是，提案人满意。

（五）对落实难度较大的提案，想方设法创造条件克服困难去落实。

（六）通过承办提案，促进学校与本单位工作，提高管理水平和服务质量。

第七章　附　则

第二十六条 本办法由学校教代会负责制定和修订，经学校教代会通过后生效，由校工会负责解释。

第四章

职工代表如何撰写职代会提案

39. 职工代表参与职代会提案工作有何意义？

职代会提案工作是职工代表履行职责最直接、最有效的方式，是职工参与民主决策、民主管理、民主监督的重要手段和促进企事业单位决策科学化、民主化的重要渠道。职工代表履职和发挥作用的一个重要途径就是参与职代会提案工作，履行好代言人的角色，并贡献自己的智慧和力量，推动企事业单位的发展和职工权益的维护。所以，职工代表参与提案工作，这既是职工代表行使民主权利的一种重要方式，也是职工代表履行职责的一项基本义务。

具体来说，可以从两个方面来理解职工代表参与提案工作的职责要求。一方面，企事业单位的发展需要职工贡献聪明才智，职代会提案工作是职工代表献计献策的重要平台。通常来说，企事业单位的生产经营和发展，不仅需要依靠中高层管理人员的努力，还需要依靠全体职工的投入。因此，只有全体职工全身心地投入，拿出主人翁的态度积极建言献策，贡献每个人的智慧和力量，才能保证每个单位在激烈的市场竞争中保持生机和活力，从而实现健康持续的发展。另一方面，这也是职工代表展现自我才华的舞台，能够充分体现提案人的自我价值。通过一份高质量的提案，不仅可以看到提案人的能力、学识、知识面、逻辑思维等多方面的素质，还可以了解职工代表团结群众的技巧、看待问题的视角、调查研究的能力、解决问题的水平，等等。因此，职工代表提出一份好的提案，不仅能引起单位领导和相关部门对提案内容的关注，也能引起他们对提案人的关注，甚至可以拓展提案人的个人成长空间。尤其是对一些来自基层一线岗位的职工代表来说，参与职代会提案工作正是一个让管理者认识其工作能力的好机会。

40. 职工代表如何参与职代会提案工作?

职工代表参与职代会提案工作主要分为两个环节：一是作为提案人或附议人参与职代会提案的撰写工作；二是提案被立案后，参与在职代会提案落实过程中的监督检查工作。当然，职工代表最重要的工作还是起草职代会提案。

在单位工会或职代会提案工作委员会（小组）下发职代会提案征集通知后，职工代表应该围绕提案的中心议题，了解本次提案征集的基本内容，明确征集的重点。当然，职工代表也应掌握撰写提案的基本规格和基本要素，明确提案的写作要点和写作方式。具体来说，职工代表在撰写提案时应掌握以下几个环节：

一是知情。这是写好提案的重要前提，职工代表要做到对提出的问题心中有数，了解事情发展的原因和职工群众的看法。

二是调研。这是写好提案的基础，强调调查研究要深入职工群众、深入工作实际、深入问题现场。

三是沟通。主要强调提案人同承办单位要事先沟通，这是加强建议的针对性，使提案提到点子上的重要环节。

四是论证。是指在调查研究的基础上，充分论证提案的可靠性和科学性。在论证过程中要注意听取职工群众的意见，并且尽可能向有关专业部门或管理人员请教，帮助提高提案的质量。

此外，新职工代表在刚开始参与撰写职代会提案时，要注意向一些老职工代表请教，向优秀提案人学习。学习他们的撰写思路，提出问题、论证分析的方法，以及深入实际进行调查研究的工作态度。如提出提案的角度、高度，案由的价值，支持案由的论据与数据，建议的合理性与操作性，等等。他山之石，可以攻玉，往往学习他人经验的过程也是提高自身能力与水平的过程，至少可以少走一些弯路。

41. 职工代表如何选好职代会提案主题?

职工代表要写出一份好的职代会提案，前提是要有个好的选题。选题通常有三种方式：一是自上而下式。这主要是从单位要求或倡导的领域进行选题。二是自下而上式。即从身边职工群众关心的热点问题入手，加以提炼。三是横向移植式。即借鉴其他单位并且本单位又可以参照推行的好做法。具体来说，职工代表选题时应注意以下几个方面：

（1）围绕中心工作，反映大事。选题要围绕单位的中心工作及重大问题；职工群众普遍关心、重视、反映强烈而单位还未注意到的问题；单位正急于寻找解决办法的问题，而不是仅局限在一些小的问题或鸡毛蒜皮的小事。

（2）结合本职工作。俗话说，“隔行如隔山”。提案最好在自己熟悉的领域进行选题，如可重点结合自己的专业，查找工作中存在的问题，并提出相应的建议。不熟悉的领域不是不可以提，但有一定的难度或局限。只有选择那些自己熟悉的、信息资料数据相对完备的内容，并结合自己的切身体会，才能撰写出较高质量的提案。

（3）找准切入点。在选题过程中，既要找重心，又要善于发现“薄弱点”。对一些需要多部门统一协调解决、政策落实还没有完全到位、职工群众反映强烈的问题，要从宏观方面着眼，微观方面入手，选好角度、找准切入点，进行认真研究，找出原因，提出建议。比如建立薪资福利构成查询系统、改进生产管理流程、改善食堂伙食、加强技能培训等都可以作为提案的内容，关键在于职工代表要用心去发现和总结。

选题无处不在，关键在于发现。职工代表要做善于观察和发现问题的有心人，提案的选题就是产生于日常工作和生活中的，而不是到了职代会召开之前再刻意寻找的。比如，有时候单位的同事们聚在一起，提出对单位某些制度的想法或是觉得某些方面做得不到位的，作为职工代表，就要做到听者有意，仔细分析这些问题是不是真的存在，是不是影响到单位的发展和职工工作的积极性。当然，提案的选题还可以来源于工会组织的职工代表巡视检查，职工代表在监督职代会决议、集体合同落实的过程中发现的一些问题以及舆情民意，等等。

微案例

WK是某企业的一名普通员工，也是一位有名的职工代表。他提交的职代会提案经常被选出来在公司的“焦点大事议会”上进行讨论，并且最近几年连续获得最佳提案奖。与其他人提起这些事时，WK觉得很平常：“我只是没事儿时喜欢挨家去串串门、聊聊天，有人提出想法，我就记在代表走访记录本上，有重复反映的问题，我就加重点，时间长了，自然而然就了解大家的心思了。等开职代会时，我就拿出小本子进行整理，写好提案交上去。说的也不一定是什么大事，但都是职工关心的事，也没想到会被评为优秀提案。”

42. 职工代表如何开展调查研究工作?

没有调查就没有发言权。如果不做任何调查研究，没有任何准备，临时上阵，一拍脑袋“信手拈来”的“即兴之作”，不可能提出解决问题的精准措施。职工代表在参与提案工作时也是如此，一定要掌握好相关问题的详细情况，并善于听取各方面的意见和建议，避免片面性，特别要避免闭门造车，否则写出来的提案很难体现客观实际和职工意愿。一项好的提案往往来自大量的调查研究，具有翔实的数据、大量的理论依据和好的举措建议。因此，做好提案的调研工作，是保证提案质量的关键。职工代表要采用合适的方法了解情况、把握问题。提案是要提出问题并解决问题的，提案产生过程中的调查研究有别于一般的调查研究，其特点是针对性强。只有深入调查研究，掌握第一手资料，才能使提案客观真实，并做到言之有理。

在确定选题后，职工代表就要深入实际进行调研，从中掌握第一手资料。同时，要尽可能地搜集与选题相关的内容与信息，并进行分类整理。在调研中，要注重了解全面的情况，既要了解好的一面，也要了解差的一面；既要向有关部门了解问题，也要倾听职工的意见和要求，有时候还要倾听专家的意见，才能更好地把握材料的准确性，只有这样得出的结论才经得起推敲。

（1）做好调研的各项准备工作。

① 搜集并分析相关资料。当确定选题后，调研者就要了解与选题有关的情况，这就需要调研者认真查阅相关书籍资料，并对有关材料进行分类整理，从而梳理出有用的信息。

② 制订调研计划。调研计划通常包括：调研的目的和任务；选择恰当的调研对象、地点；确定调研的大致安排和调研方法；组织好相关人员并明确任务分工。

③ 确定调研提纲或调查问卷。在开展调研之前，要将调研的内容具体罗列出来，形成调研提纲。有的调研不仅要有提纲，还要形成调查问卷，以便被调查者准备并回答问题，也便于调研者记录和掌握相关情况。

（2）选择适当的调研方法。

职工代表可以选择的调研方法有以下五种，职工代表可以根据选题选择其中一种或多种方法结合运用。

① 观察法。即开展实地调研，调研者去现场了解情况，掌握第一手资料。其优点是调研内容生动、直观。缺点是要花费较多调研时间，且带有一定的局限性，调研的真实性与调研者的主观性关系较大。此方法通常适用于那些不能够或不愿意进行语言交流的调研对象。

② 访谈法。即通过走访不同的人群、不同的调研对象来获取调研信息的一种调研方法。访谈法的优点是调研所获得的信息准确性高，有助于问题的深入了解。适用于调查深入的问题、有较大差别的调查对

象、调查的样本较小或者调查的场所不易接近等情况，包括个别访谈法、集体访谈法以及电话访谈法。这种调查方法的不足之处是人力、物力的成本相对较高，难以大规模开展。

③ 问卷法。即以问卷的形式开展调查研究，通过发放问卷，然后统计收回问卷，获取相关调研信息的一种方法。其优点是能突破时空限制，适用于样本较大、时间较短、问题相对简单的调研。这需要调研对象具有一定的文字理解能力。缺点是只能获取书面的信息，而不能了解生动、具体的情况，而且调研对象的配合程度会存在差异，从而可能影响调研的效果。所以问卷法往往需要配合其他的调研方法共同使用。

④ 座谈法。即通过邀请一些职工，以座谈会的形式来获取信息的一种调研方法。这一方法比较常用，优点是调研工作效率高，可以较快地了解到比较详细、可靠的信息，节省人力和时间。缺点是这种做法不能完全排除调研对象心理因素的影响，导致信息有可能缺乏一定的真实性，在调研的深度和广度上也有一定的局限。

⑤ 文献法。是通过查阅相关文献来获得调研信息的调研方法。这种调查方法的优点是不受时间和空间的限制。但它往往是一种先行的调查方法，一般只能作为调查的先导，而不能作为调查结论的现实依据。

微案例

Y公司是一家大型商场，自民营资本控股之后，曾经一度有“资本说了算”“民营企业不需要民主管理”的现象，公司工会主席据理力争，并坚持在职工代表提案的质量上做文章，为企业发展献计献策，最终取得了管理方的理解和支持。为了提高职工代表提案的质量，该公司工会非常重视职代会召开前职工代表的调研活动。每次企业职代会召开前一个月，工会便组织职工代表围绕几个重点主题，进行认真的调研。多年来，他们在企业的管理模式、企业行政与职工建立沟通交流渠道、企业团队精神等方面提出了许多提案。由于时间充足、准备充分，不仅提案质量高，还受到了企业领导的高度重视。企业工会还在职代会上设立职工代表论坛，让职工代表发表各自的提案建议，并让公司高层和职工代表给提案评分，从而在企业中形成了一种共促发展的良好氛围，得到了企业管理方的尊重、重视和支持。公司董事长曾数次在职代会上发表感言，并通过企业内部刊物以“感谢、欣赏、倡导”为题，感谢职工代表对公司发展的关心、理解和参与。

43. 职工代表如何对调查资料进行分析？

如果说调查是高质量提案产生的基础，那么资料分析工作则是高质量提案形成的关键。从一定意义上讲，资料分析工作决定着调查结论的对错、提案水平的高低和提案作用的大小。在充分深入调查，并占有第一手材料的基础上，要做深入细致的分析研究，即对所掌握的有关情况进行分类整理，缜密分析，尤其是要找准问题重心，找出带有规律性、倾向性和普遍性的内容，为提出切实可行的意见提供充足的科学依据。在分析问题时，一定要尊重客观事实，把问题讲深讲透，力求客观公正地反映事情的本来面目，既实事求是地提出问题，又全面准确地分析问题。

在对调查资料进行深入分析时，要有团队精神，一定要杜绝个人主义，提案人和附议人要通力合作，发挥集体的智慧和力量，针对选题进行深入的分析思考，提出切实可行的解决办法。提案的建议部分是提案的关键，是提案的重中之重，集中反映了提案的目的，也体现了提案人参政议政、献计献策的水平。要在调查研究的基础上把建议部分写得准确具体，并实事求是。在写提案建议时，必须反复推敲论证，充分吸纳各方的意见。所提建议要本着切实管用的原则，从实际出发，站在全局的高度，既要着眼于紧迫问题的解决，又要注意与相关问题的联系；既要考虑单位的力所能及，又要想到职工群众的承受能力，使所提建议有适度的超前性和较强的可操作性。要坚决避免脱离实际的建议，也要防止提出已经过时滞后的建议。只有这样，提案才可能被重视和采纳，从而真正有助于问题的解决。

微案例

H公司有位职工代表提出，现在大多数职工都通过手机进行对外工作联系，导致职工有较大的通信费负担。针对这一问题，他联合另外几位职工代表在各部门同事中进行了深入调研，在分析职工需求的基础上，共同向公司职代会提交了一份提案，建议根据不同岗位，适当给予通信费补贴。同时，参照其他单位的做法，建议公司与中国移动合作，加入"集团优惠活动"。这一提案得到了公司的高度重视，立案落实后产生了非常好的效果，得到了广大职工的一致好评。

44. 职工代表撰写提案有哪些基本原则？

（1）宏观性原则。职工代表撰写提案时，要站在单位发展的高度上，有整体性视角，看单位未来发展的前景，想职工利益实现的实事，议共建共赢共享的大事，而不应该是个人的私事或少数人、某个群体的诉求。

（2）前瞻性原则。提案既要谋划职工的眼前利益，也要筹划单位和职工的长远利益，要用超前的眼光看单位未来的发展。要跳出一时一地的局限，以宽广的眼界审时度势，谋全局、想实事、办好事。

（3）代表性原则。充分的代表性是一份优秀提案的重要标志。在工作中需要解决的问题很多，受各方面的因素所限，不可能一次性全都被解决。所以职工代表提出的提案要选择影响单位发展的重点问题和职工群众普遍关心的热点、难点问题。

（4）准确性原则。提案所反映的问题必须事实准确、数据可靠、客观公正。提案中列出的数据和情况必须有根有据，切不可道听途说。职工代表要客观地反映问题，必须深入一线获得准确翔实的材料和数据，要把握好尺度，对事实的评价要有分寸，不主观片面夸大事实和影响。

（5）可行性原则。提案中的措施建议和解决办法要结合单位的实际状况，量力而行，特别是一些建议性项目，必须是本单位有条件或创造条件能解决的问题。如果缺乏可行性，提案既无法办理也无法落实，起不到提案本身应有的作用。

（6）规范性原则。一份完整的提案包括案题、理由、整改办法或措施、提案人及附议人、提案日期等基本要素。职工代表在撰写提案时，格式要符合规范要求，做到一事一案、一案一表、内容完整、要素齐全，并在规定的时间内提交，符合规定的程序。

45. 职工代表如何撰写生产经营管理类的提案？

生产经营管理类的提案涉及的内容很广，通常包括单位的发展规划、提高生产效率或产品质量、改善管理、节能降耗、科技创新、考核奖惩、员工关系等方面。这些内容都是企事业单位工作的重中之重，也是各单位管理方关注的重点，他们也希望职工代表在撰写提案时，多围绕这些主题进行选题，提出好的建议，为单位的发展贡献职工群众的智慧和力量。从职工主人翁地位的角度来讲，单位与职工是利益共同体，作为重要的利益相关者，职工代表也应多考虑生产经营管理类的事项进行提案，从而为单位的发展积极献计献策。

提案选题类型：关于优化生产进度安排的建议；加强对质量管理体系监督的建议；关于进一步加强项目工程验收规范程序的建议；关于合理开发利用闲置设备，最大限度盘活资金的建议；关于实行弹性工作制的建议；关于实施人性化管理的建议；关于完善绩效工资调整改革方案的建议；关于改革现行的“评先评优”表彰活动的建议等。

职工代表要撰写优秀的生产经营管理类提案，需要注意以下几点：一是要具备相应的生产经营管理知识，能说到点子上；二是要了解单位的发展规划和年度工作重点，尤其是在当前工作中碰到的难点和“瓶颈”问题，避免无的放矢；三是要有创新意识，所提建议视野要开阔、措施要具体，不能泛泛而提，尤其是所提的方案、措施相对于单位原有的管理水平、产品或服务质量等方面要有所改进、完善和提高；四是措施要有可行性，即所提的方案、措施在实践中可以实施、操作，并具有解决问题的具体办法；五是具有效益性，所提的建议被采纳实施后，能为单位带来经济效益或社会效益。这就要求职工代表在撰写提案时，尽可能地把相关因素考虑齐全，如建议内容、实施方案、实施的经费预算、预计效益或效果等。

工作范例

【范例1】关于加强科技创新工作的提案

案由：党的十八大提出“实施创新驱动发展战略”，十八届三中全会提出“建设创新型国家”，十八届五中全会提出“十三五”的五大发展理念，“创新”位列第一。创新作为国家战略、发展理念被提及和倡导。如何进一步提高科技创新的规范化水平，营造万众创新的浓厚氛围，直接关系企业生产经营目标的实现和高质量的发展，对建设世界一流企业具有现实意义。在企业的科技创新工作中，我们往往重视年底的奖项申报和荣誉，却容易忽略在日常的生产和管理工作中将科技创新与工会劳模创新、职工创新的深度结合，没有统一的组织管理（立项、实施、督办、总结、奖励、申报）环节，从而直接影响发挥“创新”引领高质量发展的作用。

建议措施：一是完善公司科技创新管理工作机制。为职工搭建科技创新平台，鼓励一线职工结合生产开展科技创新，设立公司科技领导小组，公司领导任组长，安全监督与生产部主任任副组长，办公室设在安全监督与生产部，形成生产领导挂帅，安全生产等职能部门负责，工会组织搭台的科技创新机制。二是建立并完善科技成果评审及奖励机制。要重点出台科技工作管理、科技成果评审管理、科技论文评审管理、科技创新奖励等一系列制度，以调动职工科技创新的主动性与积极性。三是加强科技成果指导、审查，积极组织开展科技奖项申报。每年组织相关部门向行业协会和学会申报项目和论文，向集团公司申报科技、管理、文化等创新项目，围绕解决企业的实际困难问题，充分激发职工的创新积极性，提升企业核心竞争力。

通过推动提案的落实，公司共申报专利31项，其中，申报电力科学技术奖1项、水电科学技术奖1项、电力建设科学技术进步奖1项、电力创新奖8项、电力职工技术创新奖8项，切实推动了企业的高质量发展。

【范例2】关于完善骨干人才绩效考核的提案

案由：为实现公立医院薪酬改革、加强医疗行风建设、完善医院内部运行机制等三大医改目标，促进公立医院健康持续发展，建立科学合理的公立医院绩效考核评价体系，加强绩效考核工作是关键。在按劳分配的原则下，坚持鼓励提高工作业绩、服务能力、人才储备、开展新技术、发挥中医药特色等方面的正向激励是公立医院的改革导向。

建议措施：一是由医务科制定骨干人才绩效奖励考核实施方案，此方案须经职代会充分讨论并无记名投票通过后方可施行。二是严格执行评选对象、标准、名额等奖励考核条件。每年11月组织各科室推荐医德医风良好、医疗质量良好，无医疗纠纷或差错事故，技术水平高、业务突出的医务人员作为骨干人才绩效奖励的被考核对象。严格按照临床医生0~5%、医技人员0~2%、总数0~10人的比例进行选取，每年的表彰名额由医院办公会提前半年确定并公示，组织召开职代会对被考核对象进行民主评议，由考核办、医务科、部分职工代表、纪律监督小组组成考核领导小组，对经评议无异议的考核对象进行综合考评排名，再提交院党委会讨论研究。三是给予获奖骨干人才奖励和表彰。每年评定的总人数不超过10人，给予一次性骨干人才绩效奖励并全院通报表彰。

自推进骨干人才绩效考核以来，全院上下热情高涨，各科室广泛开展交流学习，积极选树培育科室骨干人才，提高了申请市级、区级教学和科研项目与骨干开班带徒的积极性，调动了骨干带头研究新技术的主动性，切实发挥了骨干人才的引领示范作用。

【范例3】构建合理的专利转让机制，实现综合利益最大化

案由：学校非常重视科研创新，但目前学校仍有大量的专利成果没有转化，甚至有一些专利被闲置。有些老师因为缴纳不起专利维护费而不得不放弃专利，而大量的企业却急需引入科技创新成果进行发展。

建议措施：建议学校尽快构建合理的专利转让机制，将高校科技成果转化绩效纳入“双一流”建设考核评价体系，调动各方积极性，加强专利转化的专业队伍建设，组建专业团队来做这项工作，进一步提高学校自主创新能力，在更好地为地方经济建设服务的同时，也为学校带来更多实实在在的利益。

学校高度重视并积极推动该提案的落实，在政策方面给予大力激励与扶持，先后出台了一系列有关促进专利成果等知识产权转化的管理办法与激励政策，将科技成果转化纳入绩效，率先在全省高校中单列“应聘成果转化与技术推广职称系列”。此外，提案的落实极大地促进了专利实施的转化。2018年通过专利转让或实施许可方式进行转化的项目数达到35项，超过前三年专利转化数量的总和，合同金额较上一年增长了2.65倍，创造了巨大的经济效益和社会效益。

46. 职工代表如何撰写薪酬福利生活类的提案？

薪酬福利生活类的提案通常包括职工的工资待遇、生活福利、后勤保障、文体活动等内容。比如，为一线职工增加工资收入的建议；建立企业年金制度的建议；关于增加体检项目的建议；定期开展职工疗休养活动的建议；为困难职工解决子女入托问题的建议；开展“体验快乐、由我做厨”的厨艺大比拼活动的建议；等等。

职工薪酬福利是指单位为获得职工提供的劳动而给予其各种形式的报酬以及其他的相关支出。职工生活保障类的提案事关职工群众的民生问题。这类提案往往占据许多单位职代会提案的较大比重。

要写好这方面的提案，职工代表要注意把握以下几点：一是要掌握一定的薪酬福利知识，了解薪酬管理和国家福利政策方面的相关规定和制度要求；二是要切实了解职工群众的现实需求和有关呼声；三是所提建议要符合单位的现实状况，不是随意提要求。

工作范例

【范例1】关于“同心计划”延展，有效落实普惠关爱的提案

案由：职工是我行最宝贵的财富。总行领导多次强调，要把职工群众的安危冷暖放在心上。近年来全行虽已普遍建立员工医疗健康保障体系，职工的幸福感得以有效提升，但由于金融从业者工作压力不断增大、地区间医疗保险保障水平不均衡等原因，出现了职工健康状况总体下降、大病重疾保障不足、健康管理亟待加强等问题。为此，我们在上次职代会上提出了“关于实施同心计划，利用保险保障、互助众筹、健康管理等综合手段为员工提供‘一揽子’健康保障”的提案，引起了许多代表的高度关注。为进一步完善相关提案，为职工提供更为全面科

学的保障，我们在深入调研的基础上，再次提出“关于同心计划延展，有效落实普惠关爱”的提案，希望进一步完善现有医疗健康保障机制，创新建立多层次、立体化、高效率的员工健康综合保障体系。

建议措施：总行党委高度重视“同心计划”及其延展相关提案。随后，总行相继出台《关于印发“同心计划”职工健康综合保障方案实施意见的通知》和《关于进一步规范补充医疗保险管理的意见》。至此，一项惠及全行职工的健康综合保障方案初步落地。重点包括以下四个方面：(1)“同心·保险保障”，统筹考虑职工医疗保险、重大疾病、定期寿险等保障类别，重点提高重疾保障额度，实现重疾医疗费用（不限医保目录）高额报销，避免职工“因病返贫”。(2)“同心·互助众筹”，优化完善总分支行三级“职工互助机制”，当有职工不幸罹患重病或遭受灾害时，由全体职工共同承担互助金并提供互助保障。(3)“同心·健康管理”，针对健康职工、亚健康职工、正患病职工、患病康复职工分别制定健康管理计划，重点加强职工疾病预防并提供相关配套服务。(4)“同心·家族计划”，为职工家族成员设计保障产品，由职工家属子女自费购买并享受优惠价格和保障服务。

【范例2】关于全面推行公司拼车系统“AI拼”的提案

案由：随着公司的发展，上下班通勤问题成为困扰大部分公司员工的难题。公司地处高新区，高新区各企业的上下班时间相对集中，容易形成乘车高峰。早晚高峰、恶劣天气等出行难题和安全问题亟待解决。公司目前虽然已有四十多辆班车供员工出行，但仍无法顾及大部分员工的上下班出行需求，员工对内部拼车的需求很迫切。建议公司创新交通实施方案，解决员工的后顾之忧。

建议措施：公司开发拼车系统，在全公司范围内做好拼车系统上线的宣传工作；享受私车补贴的私家车主可作为司机端发起拼车，乘客端免费拼车上下班；私车补贴及拼车补贴由行政部按月发放给车主；对拼车数据定期公布，让每位员工能直观感受到拼车给员工出行带来的便利。

该提案得到了公司领导和各部门的重视，充分发挥公司自身科技优势，并由行政部和企业信息化部具体执行和推广，通过不断改良和测试，形成了适合企业实际情况并能稳定运行的交通出行手段，“AI 拼”系统经过开发和多次版本测试，在公司内部发布使用，不仅科学合理地整合了公司交通资源，也为员工安全出行提供了有力保障。

【范例 3】关于建立差异化企业年金制度，吸引和留住优秀人才的提案

案由：集团的人力资源是持续推进集团高质量发展态势的重要保障。为了更好地贯彻落实《新时期产业工人队伍建设改革方案》，针对公司运行的实际情况和本公司职工群众的实际需要，可建立差异化的企业年金制度，形成公平合理的分配制度，充分发挥职工的潜能，吸引和留住优秀人才，稳定职工队伍，增强企业竞争力和凝聚力，在全社会树立良好的企业形象。

建议措施：根据职工的贡献，设计具有差异性的年金计划，充分利用年金保险的灵活性特点，对于不同服务年限、不同职级、不同岗位、不同贡献的职工提供不同的保障计划。服务年限长、职级高、岗位技术含量高、贡献大的职工的保障额度会更高，保障计划更全面。

企业行政对此提案高度重视，当即指示人力资源部等相关职能部门进行调研、论证，并形成详细落实方案。相关部门通过座谈会、讨论会、专家论证会等形式，展开多方面、多层次的调研。经过调查研究、反复修改，形成了《××集团有限公司企业年金方案（草案）》。之后，公司将该方案在集团公司职代会上提请全体职工代表审议通过，并做了现场政策解读及答疑。提案的实施进一步调动了职工的工作积极性，增

强了企业凝聚力。同时，在公司内形成了一种“比学赶帮超”的激励氛围，大大提高了工作效率，有利于提升企业的核心竞争力。

47. 职工代表如何撰写教育培训文化类的提案？

教育培训文化类的提案主要包括职工技能素质提升、人才培养和文化建设方面的内容。比如，建议推行新进人员培养导师制，加强对专业人才的培养；完善人才成长通道及其配套机制；积极鼓励员工参加职业资格培训和能力的鉴定；大力开展岗位练兵和劳动技能竞赛；规范职工教育培训费用；加强企业文化与职工文化建设等。

新时代强调要加强产业工人队伍建设，其中一项十分重要的基础性工作是要加强面向产业工人的职业教育培训和技能提升。职工教育培训和人才队伍建设是企事业单位关注的重点，也是人力资源管理和工会工作的重要内容。毕竟这项工作事关职工队伍的整体素质，事关单位的长远发展，尤其是企业的市场竞争力。同时，这方面工作也是职工群众非常关心的内容，毕竟职业生涯发展与技能职称的提升与其工资收入以及职业认可度和自我价值的实现都有着较大的关联。

职工代表要写好这方面的提案，需要考虑以下问题：一是关注国家职业资格目录，熟悉上级单位关于职工教育培训方面的相关规定要求，及时掌握动态信息；二是要结合本单位的实际情况，选择相应的培训项目提出建议，培训的对象要明确，内容要有针对性；三是要关注职工教育培训费的使用问题；四是提出的措施要有指向性，不能大而笼统，要能够落实。

工作范例

【范例1】强化教育培训，全面提升职工队伍素质

案由：人力资源的质量对企业的发展至关重要。在减员增效的新形势下，特别要加大教育培训力度，全面提升干部职工队伍的安全素质，从而有利于企业的安全生产、有利于企业的高产高效、有利于企业的稳定和谐发展。

建议措施：1. 组织好外部培训。每年我们都有很多员工参加外部机构举办的各类培训。企业要求员工外出培训前要谈心（专业或部门领导与之沟通）、有目标（要学会什么），培训中有监管（不失控），培训后有考核（如检查笔记、考试等）。通过增加员工学习的压力，促进其学到更多的知识。

2. 组织好内部培训。建议开展电工培训、机组维修保养培训或其他专题性的安全生产技术培训。由专业牵头组织，内容侧重于与现场联系紧密的安全知识和生产技术。培训教师可以是专业的工程技术人员，也可以是本工种的技术能手。

3. 组织好思想政治工作培训。通过文件、会议、座谈会等多种方式，使上级的方针政策及时地传达到广大群众中去，提高干部职工的政治素养。针对群众关注的热点问题，要组织研究并做好处理解释工作，促进企业的和谐发展。

4. 把培训融入活动。以群众性活动为抓手，利用好知识竞赛、岗位练兵、手指口述、技术比武、自救器正确佩戴演练等活动，提升职工队伍安全素质和技术素质。

5. 利用好公司的网络平台。要增加关于安全生产或安全技术的专题或教程视频，让员工学会安全知识。

【范例2】关于建立校教学名师示范性授课机制的提案

案由：随着高等教育的发展需求，学校师资队伍的人才引进工作越来越被重视，青年教师的引进人数增加很快。大批青年博士进入高校成为高校教学的主力军。但是，很多高学历的青年博士缺乏相应的教学经验，“授课水平有限，教学手段单一”是影响教学效果的主要问题。为充分重视本科教学工作，重视师资队伍建设，如何提升高校青年教师的教学能力已成亟待解决的关键问题。

建议措施：1. 充分利用学校现有的“教学能手”，建立“校级教学名师示范性授课机制”。每学期在青年教师中定期或不定期组织开展“教学名师示范性授课”活动，组织青年教师观摩学习，让学校的教学名师发挥应有的示范作用。

2. 学校教务处或人事处建立各级各类的教学竞赛获奖人员信息库。让教学名师的资源得以共享，为“校级教学名师示范性授课活动”所用。

3. 学校每两年定期举行一次青年教师讲课大赛，提升学校青年教师的教学能力，对获奖的青年教师在职称晋升中给予优先权。

4. 为鼓励带教老师更关心青年教师在教学中的进步，对在“讲课大赛”中获奖的青年教师的带教老师也要进行奖励，营造人人重视本科教学工作的良好氛围。

48. 职工代表如何撰写职业安全健康类的提案?

职业安全健康类的提案主要包括安全生产、劳动保护与职业病防护等内容，这个领域是企业和职工共同关注的重要话题。撰写好这类提案，职工代表要具备一定的专业知识，比如对法律法规和相关规定的了解，对在企业安全生产、劳动保护工作中存在的问题进行细致观察，对职工在生产工作中需要解决的实际问题的分析等，只有做好这些工作，才有可能写出好的提案。

特别说明：一是掌握安全生产、劳动保护方面的法律法规和本单位的安全生产、劳动保护制度，用以对照发现工作中需要改进的问题；二是所提的建议和措施要有利于改进本单位的安全生产和劳动保护情况，具有可操作性；三是要与合理化建议结合在一起，有经济效益或社会效益的评估。

工作范例

【范例1】建议为户外工作职工发放防霾口罩

案由：我们公司作为本市最大的一家环卫公司，负责本市主要城区的街道清扫任务。公司职工的主体是一线环卫工人，每天要在户外工作很长时间。近年来，由于各方面的原因导致我市空气污染越来越严重，雾霾天气也增加了许多，这对在户外从事清洁工作的职工非常不利，部分职工反映呼吸道疾病比前些年严重了，而公司现在发放的劳保口罩只能起到一般性的防护，对严重的空气污染防护作用不大。

建议措施：1. 更换有较好防护作用、带有净化空气作用的口罩，以增强防护等级；

2. 根据空气质量状况，适当增加口罩的发放数量；

3. 购买防霾口罩的费用从劳保用品费用中开支，由工会负责办理此事的落实。

【范例2】关于建立全校师生实验室环境健康与安全教育常态化体系的提案

案由：实验室安全关系到实验操作人员的人身健康、生命安全以及环境保护等方面，尤其是近年来全国多所高校发生了实验室安全事故，造成了很不好的社会影响。如何加强高校实验室的管理，受到普遍的关注和重视。我校的实验室同样存在很多安全隐患，比如师生的安全防患意识弱，相关安全制度也不够完善，尤其是目前实验室的安全教育主要是由各学院实验室（中心）自行组织进行，师生多是在第一次进入实验室操作之前接受安全教育，这样并不能满足实际安全需要。这必须引起学校相关部门的高度重视，切实完善安全方面的教育管理。

建议措施：1. 成立校园实验环境健康与安全主管部门，为全校师生提供有关实验环境健康和安全法规咨询；

2. 强调健康和安全的个人主体性，为师生提供实验室环境、实验操作等标准程序建议和培训，通过制度手段确保师生遵守并保持操作规范。

具体如下：针对不同学科和不同实验室的需求，制定多种安全培训"课程套餐"，包括基本的和有针对性的安全及环境保护规范（如生物、化学、新材料、机械加工等各有不同）内容，明确实施细则和标准，多途径强制开展基本安全教育，提升使用者的自我约束力和处置能力。利用信息管理系统推行安全教育常态化工作，例如对接相关部门的业务信息系统，实现安全培训的预约、考勤、考核等管理功能，强制新入校师生在规定的时间内完成安全教育课程，且以后每年至少进行1次在线自学强化，并将学习情况与实验室管理（门禁）系统关联，学习不合格者无法顺利进行实验，等等。

49. 职工代表如何规范撰写职代会提案?

（1）提案撰写的步骤。

提案的撰写是对在调查中搜集的资料进行综合分析，以发现问题、提出建议、解决问题的过程。

一是梳理调查资料。翻阅调查资料主要是用来梳理、分析、归纳调查情况，明确问题，并对调查材料进行去粗存精、去伪存真的筛选，为提案的撰写做好充分准备。

二是酝酿撰写提案的思路。平时在调查中积累的材料有很多，但不可能事无巨细、一一反映，要围绕主要问题形成撰写提案的思路和提案的结构，也就是提案的框架，提案中有哪些问题、观点，要采用哪些调查资料去说明、充实等。

三是列出提纲。把酝酿成熟的思路、结构用文字书写出来，一份好的提案，能使撰写者把握提案结构的全局，层次清楚、重点明确、简明扼要、一目了然。通常在写完提纲后，先不急于书写成稿，而是要保障有较充足的时间仔细琢磨这个提纲是否合适和完整。

四是撰写草案。当提纲相对成熟以后，便可以正式撰写。提案草案的撰写要注意充分运用调研所收集到的材料，并结合自己的体会和分析，紧扣案由，围绕提纲来展开。

五是反复修改。初稿完成后，还要经过反复修改，才能最终定稿。提案的修改要着重注意观点是否正确、材料是否准确、结构是否合理、文字是否流畅，尤其是建议是否可行。

在实践中，许多单位的职工代表之所以能够撰写出优秀提案，有一点非常重要，那就是提前思考提案。他们在日常工作中就注意收集资料，写完提案草案后，也会进一步修改和完善提案。甚至还向有关专业部门或管理人员请教，尤其是建议部分的可操作性方面，从而提高提案的质量。

（2）提案的结构和写作方法。

一条完整的提案应包括案题、案由、整改办法或措施、提案人及附议人、提案日期等基本要素。主体部分的写作主要包括以下几个方面：

一是案题部分。案题是指提案的题目，要求提案人直接点明提案的核心内容，用简明的文字说明提案要解决什么问题。案题和提案内容要一致，且短小精悍，并具有概括性，通常在 20 个字以内。案题的写法是“关于××的提案”“关于××的建议”“建议××”，如关于优化生产进度安排的建议、关于改革现行“评先评优”表彰活动的提案、建议为困难职工解决子女入托的问题。

二是案由部分。这是指事由及政策依据。它是提案的核心部分，要有情况、有分析，实事求是、简明扼要，切忌笼统、空泛。常见的结构形式有：第一，纵式结构，即按事情产生、发展变化的过程来写。这一写法的好处是时间顺序清楚，给人印象深刻。第二，横式结构，即按事物的几个方面写，便于从不同的角度反映事情的真实情况；或者用对照比较的方法来写，不仅说服力强，而且印象深刻。横式结构的写法，通常适用于涉及面广、情节比较复杂的调查报告。在提案中，反映情况不要用“听说”“据反映”等不确定的词语，提建议也不要用“希望”，而直接用“建议”，以表明自己明确的态度。人名、地名、数字、单位名称等都要准确，且符合标准规范。

三是建议部分。即针对案题反映的问题，提出解决问题的方法。提案的宗旨是需要职工代表抱着主人翁的态度发现问题、提出对策，为单位领导改进生产经营和管理或者解决职工关心的热点、难点问题出谋划策。职工代表在正式撰写提案时，要做到观点鲜明、清楚明白，不能含糊。语言用词要准确、表意要清楚，并把握好分寸。

（3）提案的规范要求。

一份规范的提案应该符合几个方面的要求：一是要素完备，符合要求；二是内容真实，完整准确；三是语言恰当，言简意赅；四是格式规范，一案一表。

撰写提案是一项严肃的工作。职工代表在撰写提案时，要有高度的责任心，不仅要把选区和周边职工群众的意见和建议收集、归纳、整理好，还要把有关情况核对清楚，认真做好调查研究。要一事一案，切忌在一个提案表上出现几件事情，不仅问题讲不清，也无法确定承办单位。在内容上，提案要体现系统性、完整性的见解，切不可只讲问题、现象、表现，不讲对策、措施和建议。

50. 职工代表如何撰写高质量的职代会提案？

高质量提案的共同特点是选题立意高、口子小，给人耳目一新的感觉并且建议具体、可行。为此，职工代表应了解本单位的发展目标和经营管理实际，在选题时应尽可能围绕本单位的重大决策部署和年度重点任务目标来思考，对策建议要有利于实现本单位近期的发展任务。在有了大致思路或者形成初稿之后，职工代表需要静下心来，对提案反复推敲打磨，努力做到以下几点：

一是撰写要有新意。写提案是为了帮助单位正确决策、改进工作，提供有价值的建议和意见，因此，提案撰写尽可能要有新意。对于相同的主题，要从新的角度去阐述，运用各种生动、有说服力的新材料和典型案例，增加提案内容的感染力。

二是说理分析要深刻。提案只有提得到位，写得深刻，有内容、有高度，才能发人深思，给人启迪，才能对实际工作起到指导和推动作用，因此，提案要尽可能展开来写，由表及里、由近及远、充分说理，才能引起领导的重视，并加以解决落实。

三是建议要具体。撰写提案一定要注意对策建议部分。因为对策建议是提案的关键，集中反映提案的目的，也反映提案人献计献策的水平。提案中的建议部分一定要有可操作性，不能只有看法没有办法，或者办法很笼统。提案人一定要在建议部分多下功夫，把自己置身于承办单位的位置认真思考，力求意见和建议具体，办法措施可行。

工作范例

【范例1】关于全面启动人才培养模式改革、构建人才培养新体系的建议

案由：2017年，国务院颁布《国家教育事业发展“十三五”规划》，全国进入新一轮教学结构改革、人才培养模式的转型期。该文件指出，推动具备条件的普通本科高校向应用型转变；引导高校从治理结构、专业体系、课程内容、教学方式、师资结构等方面进行全方位、系统性的改革，让办学思路服务地方经济社会的发展、办学定位到培养应用型和技术技能型人才、办学模式转到产教融合和校企合作。这既为我校发展带来新的机遇，也对我校的人才培养模式提出了新的挑战。

根据我们调研了解，我校在人才培养模式和人才培养质量方面尚存一些不足：

1. 传统专业结构老化，教材陈旧，与现行市场经济下的大众化的高等教育现状不相适应。有些应用型专业的课程设置滞后于社会的科学技术发展，与社会需求吻合不够，缺乏明确性和针对性。

2. 拔尖人才、创新人才的培养机制尚未形成，教学资源优化不够，因材施教的教学原则未能充分体现。另外，严进宽出的培养模式，不利于调动学生学习的积极性。

3. 学生进行二次选择专业的机会少，相当一部分学生对自己所学专业不感兴趣。学校没有完全实行真正意义上的学分制，缺少人才培养的有效机制。

4. 教学质量的提高缺乏实质性的推动措施和机制保障。学校长期以科研成果作为考察教师的方式，不利于提高教师的教学积极性，形成了重科研轻教学、应付教学的不均衡现象，教学质量难以保证。

建议措施：为了实现办学规模、办学层次和办学质量的新跨越，建议学校全面启动人才培养模式改革，构建人才培养新体系，打造拔尖人才、创新型人才和为社会经济服务的应用型人才培养于一体的多元化人才培养模式，并提出以下建议：

1. 重新优化专业结构和教师资源，依据市场需求，组建特色学科和专业，深化课程体系改革和课堂教学改革，注重课程的应用性、时效性和前沿性，统筹优化课程体系，提高课程体系的综合性、系统性和现代化水平。

2. 加大国际合作办学和校企联合办学的力度，形成多层次、多渠道、宽口径的办学模式，与社会人才需求全面接轨，适应市场经济的多元化需求。

3. 以学生为本，改革学分制，发挥学分制的激励作用；放宽专业限制，允许专业的二次选择；建立弹性教学管理制度，实行弹性学制；宽进严出，既符合市场经济规律，也有助于保证人才培养质量。加强对学生进行个性化培养，把学习的自主权、选择权还给学生，调动和培养学生的独立性、积极性、主动性和创造性。

4. 教师对教育的理解和对教学的投入，决定了人才培养的质量。施行教学和科研双轨制考核办法，科研岗和教学岗同等设岗，以机制保障教学质量的稳步提升，保证教学的中心地位，以实际待遇肯定教师对教学工作的贡献。实行不同的考核评价方式，通过“分类引导、科学评估、强化激励、动态调整”，积极引导和激励教师围绕学校总体发展要求，根据自身特长、特点，合理定位，明确目标和努力方向，充分发挥广大教师的主动性、积极性、能动性和创造性。

【范例2】关于设立学术秘书的建议

案由：目前我所每个课题组的科研人员多、课题多、科研交流活动多、硕士生和博士生多。有相当多的非学术事务占用了课题组长和科研人员的很多时间，而这些事务完全可以由学术秘书完成，让科研骨干专心致志地工作，充分发挥他们在科研上的聪明才智，完成科研任务。

一流的研究所需要一流的管理。在国外，许多高级科技人员都配有秘书，由秘书协助完成主要的日常事务性工作。×××院长在一次讲话中表示，中国科学院在秘书配备的观念上要有突破，应该在院内建立一套较为规范的现代文秘制度。要名正言顺地为优秀研究员配置秘书，让他们从烦琐的事务性工作中解脱出来，但也要防止那些没有创新能力的人员滥竽充数，挂上秘书的头衔；秘书要经过职业化的训练，才能更好地为科学家处理日常事务。科研院所作为基础研究单位，人才是第一位的。目前，科研骨干每周都要把时间消耗在各种各样的会议与杂七杂八的事务上，用于科研的时间并不多。如何改变现在的科研管理状况，把科研骨干解放出来是刻不容缓的事情。学术秘书既需要有专业背景，又要有对外交往、撰写研究计划、汇报科研成果的能力，有了他们的配合，科研人员才能将更多的力量集中在科研上。

建议措施：1. 设立学术秘书职位。根据目前所里的实际情况，两个课题组合聘一个学术秘书比较合适。学术秘书由科研处间接领导，以便协调不同课题组之间的合作，特别是探月工程这样的大项目，就需要各学术秘书及时汇报各分支课题的进展情况，以便于统一协调指挥。

2. 从学术秘书自身的个人发展考虑，为了让他们安于本职工作，尽心尽职地做好科研辅助的工作，可以参照行政人员的有关晋升条例为学术秘书制定相应的晋升条例。

3. 为提高学术秘书在不同研究领域方面的协调能力，可以考虑采用轮换制（不同课题组的学术秘书交换岗位）来开阔他们的学术视野。

【范例3】建议实施班级垃圾分类积分奖励制度

案由：在学校的整体教育体系中，帮助学生树立良好的环保意识并养成良好的生活习惯是学生综合素质教育的重要内容之一。《S市生活垃圾管理条例》已经颁布实施。我校的大部分教师办公室设在学生日常上课的教室里，因此以班级为单位的垃圾分类管理能够有效地提升学校垃圾分类成效。学校人员活动最多的地方在教室，加强班级垃圾分类管理能够尽快推动垃圾分类这项工作的落实。

建议措施：学校以班级为单位，从源头抓起，让老师和每个学生都增强垃圾分类的意识，在行动中有所体现。具体措施建议如下：

1. 每班设有一名环保员，主要负责垃圾分类知识的宣传及指导工作。班级定时定点投放垃圾，由环保员组成的环保小队轮流负责垃圾清倒的记录。

2. 对正确实施垃圾分类的班级进行加分。每周学校“卫生流动红旗”的发放与班级垃圾分类的情况相挂钩。将垃圾分类积分纳入班级行为规范的积分。为使分类成为一种习惯，在各班级中实行更加细致的分类，能够根据可回收物的种类分类收集，由专人进行检查。积分奖励能够提高师生进行垃圾分类的积极性。

3. 每个班级设立专用的可回收物箱，并进行自主改造，将可回收物进行分类投放。

4. 以班级为单位考察垃圾分类情况，由环保小队定期上门回收可回收物、检查分类情况，并进行积分奖励。在学期末评选出“环保小卫士”“环保先进集体”。

5. 将孩子的习惯培养渗透到每一个家庭，实现垃圾分类的实效性。

6. 在班主任层面加强宣传，对学生自主组织的环保小队进行日常的培训和检查工作。

51. 职工代表参与职代会提案工作需要注意哪些事项？

职工代表要写出一份好的提案，首先是态度，其次是方法，最后是能力。为此，职工代表要努力做到：

（1）转变观念。一名优秀的员工，不但本职工作要做好，还必须关心单位的发展，关注自己周围的人和事。做好职代会的提案工作，是一名职工代表应尽的义务。它从一个侧面反映了职工代表的责任心和对企事业单位发展、职工利益的关心程度。职代会提案工作是职工表达意愿和诉求的具体通道，因此，职工代表必须高度重视，并以主人翁的态度积极参与进来，把握好机会，切实履行好代表职责，将职工群众最为关注的问题提升到职代会层面来进行讨论并解决。

（2）掌握方法。职工代表要细心观察、主动思考才能提出好的提案。职工代表要知情明政，了解职工的所思所想，善于总结规律发现问题，从感性认识上升为理性思考，只有这样，提出的提案才更具有针对性、可行性。职工代表在撰写提案时，要简明扼要，主题突出，让人很清楚地看到提案人发现的问题，以及相应措施和建议。

（3）提升能力。一是要提高选择问题的能力。职工代表要选择职工群众所关心、反映强烈，并带有综合性、战略性、前瞻性的问题提出提案。二是要提高调查研究的能力。职工代表要把调研作为开展工作的根本。做到腿勤，经常深入基层、深入群众，以宽广的胸怀、恭谦的态度听取各方面的意见和建议；做到脑勤，经常关注本行业大事要事，关注制约本单位发展的难点问题和职工群众关心的热点问题；做到手勤，多做工作笔记，注重民意的收集、整理和更新。三是要提高解决问题的能力。要充分发挥职工代表多数来自基层，熟悉基层情况、精通业务工作的优势，为本单位的决策提供切实可行的事实依据和对策建议。

企业民主管理规定

（总工发〔2012〕12号）

第一章 总 则

第一条 为完善以职工代表大会为基本形式的企业民主管理制度，推进厂务公开，支持职工参与企业管理，维护职工合法权益，构建和谐劳动关系，促进企业持续健康发展，加强基层民主政治建设，依据宪法和相关法律制定本规定。

第二条 企业民主管理工作应当坚持党的领导，以邓小平理论和“三个代表”重要思想为指导，深入贯彻落实科学发展观，坚定不移地贯彻落实党的全心全意依靠工人阶级的根本指导方针。

企业党组织应当加强对民主管理工作的领导和支持。

第三条 职工代表大会（或职工大会，下同）是职工行使民主管理权力的机构，是企业民主管理的基本形式。

企业应当按照合法、有序、公开、公正的原则，建立以职工代表大会为基本形式的民主管理制度，实行厂务公开，推行民主管理。公司制企业（以下简称公司）应当依法建立职工董事、职工监事制度。

企业应当尊重和保障职工依法享有的知情权、参与权、表达权和监督权等民主权利，支持职工参加企业管理活动。

第四条 企业职工应当尊重和支持企业依法行使管理职权，积极参与企业管理。

第五条 企业工会应当组织职工依法开展企业民主管理，维护职工合法权益。

上级工会应当指导和帮助企业工会和职工依法开展企业民主管理活动，对企业实行民主管理的情况进行监督。

第六条 企业代表组织应当推动企业实行民主管理，促进企业健康发展。

第七条 各级党委纪检部门、组织部门，各级人民政府国有资产监督管理机构和监察机关等有关部门应当依照各自职责，对企业民主管理工作进行指导、检查和监督。

第二章 职工代表大会制度

第一节 职工代表大会组织制度和职权

第八条 企业可以根据职工人数确定召开职工代表大会或者职工大会。

企业召开职工代表大会的，职工代表人数按照不少于全体职工人数的百分之五确定，最少不少于三十人。职工代表人数超过一百人的，超出的代表人数可以由企业与工会协商确定。

第九条 职工代表大会的代表由工人、技术人员、管理人员、企业领导人员和其他方面的职工组成。其中，企业中层以上管理人员和领导人员一般不得超过职工代表总人数的百分之二十。有女职工和劳务派遣职工的企业，职工代表中应当有适当比例的女职工和劳务派遣职工代表。

第十条 职工代表大会每届任期为三年至五年。具体任期由职工代表大会根据本单位的实际情况确定。

职工代表大会因故需要提前或者延期换届的，应当由职工代表大会或者其授权的机构决定。

第十一条 职工代表大会根据需要，可以设立若干专门委员会（小组），负责办理职工代表大会交办的事项。专门委员会（小组）成员人选必须经职工代表大会审议通过。

第十二条 职工代表按照基层选举单位组成代表团（组），并推选团（组）长。可以设立职工代表大会团（组）长和专门委员会（小组）负责人联席会议，根据职工代表大会授权，在职工代表大会闭会期间负责处理临时需要解决的重要问题，并提请下一次职工代表大会确认。

联席会议由企业工会负责召集，联席会议可以根据会议内容邀请企业领导人员或其他有关人员参加。

第十三条 职工代表大会行使下列职权：

（一）听取企业主要负责人关于企业发展规划、年度生产经营管理情况，企业改革和制定重要规章制度情况，企业用工、劳动合同和集体合同签订履行情况，企业安全生产情况，企业缴纳社会保险费和住房公积金情况等报告，提出意见和建议；

审议企业制定、修改或者决定的有关劳动报酬、工作时间、休息休假、劳动安全卫生、保险福利、职工培训、劳动纪律以及劳动定额管理等直接涉及劳动者切身利益的规章制度或者重大事项方案，提出意见和建议；

（二）审议通过集体合同草案，按照国家有关规定提取的职工福利基金使用方案、住房公积金和社会保险费缴纳比例和时间的调整方案，劳动模范的推荐人选等重大事项；

（三）选举或者罢免职工董事、职工监事，选举依法进入破产程序企业的债权人会议和债权人委员会中的职工代表，根据授权推荐或者选举企业经营管理人员；

（四）审查监督企业执行劳动法律法规和劳动规章制度情况，民主评议企业领导人员，并提出奖惩建议；

（五）法律法规规定的其他职权。

第十四条 国有企业和国有控股企业职工代表大会除按第十三条规定行使职权外，行使下列职权：

（一）听取和审议企业经营管理主要负责人关于企业投资和重大技术改造、财务预决算、企业业务招待费使用等情况的报告，专业技术职称的评聘、企业公积金的使用、企业的改制等方案，并提出意见和建议；

（二）审议通过企业合并、分立、改制、解散、破产实施方案中职工的裁减、分流和安置方案；

（三）依照法律、行政法规、行政规章规定的其他职权。

第十五条 县级以下一定区域内或者性质相近的行业内的若干尚不具备单独建立职工代表大会制度条件的中小企业，可以通过选举代表联合建立区域（行业）职工代表大会制度，开展企业民主管理活动。

工会负责组织建立区域（行业）职工代表大会制度。区域（行业）工会作为区域（行业）职工代表大会的工作机构承担日常工作。

第十六条 集团企业的总部机关和各分公司、分厂、车间以及其他分支机构可以按照一定比例选举产生职工代表，召开集团企业职工代表大会，实行企业民主管理。

集团企业的总部机关和各分公司、分厂、车间以及其他分支机构，按照本规定建立职工代表大会制度，在各自的职权范围内分别开展民主管理活动。

第二节 职工代表大会工作制度

第十七条 职工代表大会每年至少召开一次。职工代表大会全体会议必须有三分之二以上的职工代表出席。

第十八条 职工代表大会议题和议案应当由企业工会听取职工意见后与企业协商确定，并在会议召开七日前以书面形式送达职工代表。

第十九条 职工代表大会可以设主席团主持会议。主席团成员由企业工会与职工代表大会各团（组）协商提出候选人名单，经职工代表大会预备会议表决通过。其中，工人、技术人员、管理人员不少于百分之五十。

第二十条 职工代表大会选举和表决相关事项，必须按照少数服从多数的原则，经全体职工代表的过半数通过。对重要事项的表决，应当采用无记名投票的方式分项表决。

第二十一条 职工代表大会在其职权范围内依法审议通过的决议和事项具有约束力，非经职工代表大会同意不得变更或撤销。

企业应当提请职工代表大会审议、通过、决定的事项，未按照法定程序审议、通过或者决定的无效。

第二十二条 企业工会委员会是职工代表大会的工作机构，负责职工代表大会的日常工作，履行下列职责：

（一）提出职工代表大会代表选举方案，组织职工选举职工代表和代表团（组）长；

（二）征集职工代表提案，提出职工代表大会议题的建议；

（三）负责职工代表大会会议的筹备和组织工作，提出职工代表大会的议程建议；

（四）提出职工代表大会主席团组成方案和组成人员建议名单；提出专门委员会（小组）的设立方案和组成人员建议名单；

（五）向职工代表大会报告职工代表大会决议的执行情况和职工代表大会提案的办理情况、厂务公开的实行情况等；

（六）在职工代表大会闭会期间，负责组织专门委员会（小组）和职工代表就企业职工代表大会决议的执行情况和职工代表大会提案的办理情况、厂务公开的实行情况等，开展巡视、检查、质询等监督活动；

（七）受理职工代表的申诉和建议，维护职工代表的合法权益；

（八）向职工进行民主管理的宣传教育，组织职工代表开展学习和培训，提高职工代表素质；

（九）建立和管理职工代表大会工作档案。

第三节 职工代表的产生和权利义务

第二十三条 与企业签订劳动合同建立劳动关系以及与企业存在事实劳动关系的职工，有选举和被选举为职工代表大会代表的权利。

依法终止或者解除劳动关系的职工代表，其代表资格自行终止。

第二十四条 职工代表应当以班组、工段、车间、科室等为基本选举单位由职工直接选举产生。规模较大、管理层次较多的企业的职工代表，可以由下一级职工代表大会代表选举产生。

第二十五条 选举、罢免职工代表，应当召开选举单位全体职工会议，会议应有三分之二以上职工参加。选举、罢免职工代表的决定，应经全体职工的过半数通过方为有效。

第二十六条 职工代表实行常任制，职工代表任期与职工代表大会届期一致，可以连选连任。

职工代表出现缺额时，原选举单位应按规定的条件和程序及时补选。

第二十七条 职工代表向选举单位的职工负责并报告工作，接受选举单位职工的监督。

第二十八条 职工代表享有下列权利：

（一）选举权、被选举权和表决权；

（二）参加职工代表大会及其工作机构组织的民主管理活动；

（三）对企业领导人员进行评议和质询；

（四）在职工代表大会闭会期间对企业执行职工代表大会决议情况进行监督、检查。

第二十九条 职工代表应当履行下列义务：

（一）遵守法律法规、企业规章制度，提高自身素质，积极参与企业民主管理；

（二）依法履行职工代表职责，听取职工对企业生产经营管理等方面的意见和建议，以及涉及职工切身利益问题的意见和要求，并客观真实地向企业反映；

（三）参加企业职工代表大会组织的各项活动，执行职工代表大会通过的决议，完成职工代表大会交办的工作；

（四）向选举单位的职工报告参加职工代表大会活动和履行职责情况，接受职工的评议和监督；

（五）保守企业的商业秘密和与知识产权相关的保密事项。

第三十条 职工代表履行职责受法律保护，任何组织和个人不得阻挠和打击报复。

职工代表在法定工作时间内依法参加职工代表大会及其组织的各项活动，企业应当正常支付劳动报酬，不得降低其工资和其他福利待遇。

第三章　厂务公开制度

第三十一条　企业应当建立和实行厂务公开制度，通过职工代表大会和其他形式，将企业生产经营管理的重大事项、涉及职工切身利益的规章制度和经营管理人员廉洁从业相关情况，按照一定程序向职工公开，听取职工意见，接受职工监督。

第三十二条　企业主要负责人是实行厂务公开的责任人。企业应当建立相应机构或者确定专人负责厂务公开工作。

第三十三条　企业实行厂务公开应当遵循合法、及时、真实、有利于职工权益维护和企业发展的原则。

实行厂务公开应当保守企业商业秘密以及与知识产权相关的保密事项。

第三十四条　企业应当向职工公开下列事项：

（一）经营管理的基本情况；

（二）招用职工及签订劳动合同的情况；

（三）集体合同文本和劳动规章制度的内容；

（四）奖励处罚职工、单方解除劳动合同的情况以及裁员的方案和结果，评选劳动模范和优秀职工的条件、名额和结果；

（五）劳动安全卫生标准、安全事故发生情况及处理结果；

（六）社会保险以及企业年金的缴费情况；

（七）职工教育经费提取、使用和职工培训计划及执行的情况；

（八）劳动争议及处理结果情况；

（九）法律法规规定的其他事项。

第三十五条　国有企业、集体企业及其控股企业除公开第十三条、第十四条和第三十四条规定的相关事项外，还应当公开下列事项：

（一）投资和生产经营管理重大决策方案等重大事项，企业中长期发展规划；

（二）年度生产经营目标及完成情况，企业担保，大额资金使用、大额资产处置情况，工程建设项目的招投标，大宗物资采购供应，产品销售和盈亏情况，承包租赁合同履行情况，内部经济责任制落实情况，重要规章制度制定等重大事项；

（三）职工提薪晋级、工资奖金收入分配情况；专业技术职称的评聘情况；

（四）中层领导人员、重要岗位人员的选聘和任用情况，企业领导人员薪酬、职务消费和兼职情况，以及出国出境费用支出等廉洁自律规定执行情况，职工代表大会民主评议企业领导人员的结果；

（五）依照国家有关规定应当公开的其他事项。

第四章　职工董事和职工监事制度

第三十六条　公司制企业应当依法建立职工董事和职工监事制度，支持职工代表大会选举产生的职工代表作为董事会、监事会成员参与公司决策、管理和监督，代表和维护职工合法权益，促进企业健康发展。

第三十七条　公司应当依法在公司章程中明确规定职工董事、职工监事的具体比例和人数。

第三十八条　职工董事、职工监事候选人由公司工会根据自荐、推荐情况，在充分听取职工意见的基础上提名，经职工代表大会全体代表的过半数通过方可当选，并报上一级工会组织备案。

工会主席、副主席应当作为职工董事、职工监事候选人人选。

第三十九条　公司高级管理人员和监事不得兼任职工董事；公司高级管理人员和董事不得兼任职工监事。

第四十条　职工董事、职工监事的任期与公司其他董事、监事的任期相同，可以连选连任。

第四十一条　职工董事、职工监事不履行职责或者有严重过错的，经三分之一以上的职工代表联名提议，职工代表大会全体代表的过半数通过可以罢免。

职工董事、职工监事出现空缺时，由公司工会依照本规定第三十七条的规定提出替补人选，提请职工代表大会民主选举产生。

第四十二条 职工董事依法行使下列权利：

（一）参加董事会会议，行使董事的发言权和表决权；

（二）就涉及职工切身利益的规章制度或者重大事项，提请召开董事会会议，反映职工的合理要求，维护职工合法权益；

（三）列席与其职责相关的公司行政办公会议和有关生产经营工作的重要会议；

（四）要求公司工会、公司有关部门和机构通报有关情况并提供相关资料；

（五）法律法规和公司章程规定的其他权利。

第四十三条 职工监事依法行使下列权利：

（一）参加监事会会议，行使监事的发言权和表决权；

（二）就涉及职工切身利益的规章制度或者重大事项，提议召开监事会会议；

（三）监督公司的财务情况和公司董事、高级管理人员执行公司职务的行为；监督检查公司对涉及职工切身利益的法律法规、公司规章制度贯彻执行情况；劳动合同和集体合同的履行情况；

（四）列席董事会会议，并对董事会决议事项提出质询或者建议；列席与其职责相关的公司行政办公会议和有关生产经营工作的重要会议；

（五）要求公司工会、公司有关部门和机构通报有关情况并提供相关资料；

（六）法律法规和公司章程规定的其他权利。

第四十四条 职工董事、职工监事应当履行下列义务：

（一）遵守法律法规，遵守公司章程及各项规章制度，保守公司秘密，认真履行职责；

（二）定期听取职工的意见和建议，在董事会、监事会上真实、准确、全面地反映职工的意见和建议；

（三）定期向职工代表大会述职和报告工作，执行职工代表大会的有关决议，在董事会、监事会会议上，对职工代表大会作出决议的事项，应当按照职工代表大会的相关决议发表意见，行使表决权；

（四）法律法规和公司章程规定的其他义务。

第四十五条 公司应当保障职工董事、职工监事依照法律法规和公司章程开展工作，为职工董事、职工监事履行职责提供必要的工作条件。

第四十六条 职工董事、职工监事在任职期间，除法定情形外，公司不得与其解除劳动合同。

第四十七条 职工董事、职工监事与公司的其他董事、监事享有同等的权利，承担相应的义务。

第五章 附 则

第四十八条 各地区、各有关部门和各企业根据本规定制定实施办法，推进企业民主管理工作。

第四十九条 集体企业依照《城镇集体所有制企业条例》等有关法律法规规定实行民主管理。

第五十条 本规定自发布之日起施行。

中共中央纪委　中共中央组织部
国务院国有资产监督管理委员会　监察部
中华全国总工会　中华全国工商业联合会
2012 年 2 月 13 日

学校教职工代表大会规定

（2011年11月9日第34次部长办公会议审议通过
中华人民共和国教育部令第32号　自2012年1月1日起施行）

第一章　总　则

第一条　为依法保障教职工参与学校民主管理和监督，完善现代学校制度，促进学校依法治校，依据教育法、教师法、工会法等法律，制定本规定。

第二条　本规定适用于中国境内公办的幼儿园和各级各类学校（以下统称学校）。

民办学校、中外合作办学机构参照本规定执行。

第三条　学校教职工代表大会（以下简称教职工代表大会）是教职工依法参与学校民主管理和监督的基本形式。

学校应当建立和完善教职工代表大会制度。

第四条　教职工代表大会应当高举中国特色社会主义伟大旗帜，以马克思列宁主义、毛泽东思想、邓小平理论和“三个代表”重要思想为指导，深入贯彻落实科学发展观，全面贯彻执行党的基本路线和教育方针，认真参与学校民主管理和监督。

第五条　教职工代表大会和教职工代表大会代表应当遵守国家法律法规，遵守学校规章制度，正确处理国家、学校、集体和教职工的利益关系。

第六条　教职工代表大会在中国共产党学校基层组织的领导下开展工作。教职工代表大会的组织原则是民主集中制。

第二章 职 权

第七条 教职工代表大会的职权是：

（一）听取学校章程草案的制定和修订情况报告，提出修改意见和建议；

（二）听取学校发展规划、教职工队伍建设、教育教学改革、校园建设以及其他重大改革和重大问题解决方案的报告，提出意见和建议；

（三）听取学校年度工作、财务工作、工会工作报告以及其他专项工作报告，提出意见和建议；

（四）讨论通过学校提出的与教职工利益直接相关的福利、校内分配实施方案以及相应的教职工聘任、考核、奖惩办法；

（五）审议学校上一届（次）教职工代表大会提案的办理情况报告；

（六）按照有关工作规定和安排评议学校领导干部；

（七）通过多种方式对学校工作提出意见和建议，监督学校章程、规章制度和决策的落实，提出整改意见和建议；

（八）讨论法律法规规章规定的以及学校与学校工会商定的其他事项。

教职工代表大会的意见和建议，以会议决议的方式做出。

第八条 学校应当建立健全沟通机制，全面听取教职工代表大会提出的意见和建议，并合理吸收采纳；不能吸收采纳的，应当做出说明。

第三章 教职工代表大会代表

第九条 凡与学校签订聘任聘用合同、具有聘任聘用关系的教职工，均可当选为教职工代表大会代表。

教职工代表大会代表占全体教职工的比例，由地方省级教育等部门确定；地方省级教育等部门没有确定的，由学校自主确定。

第十条 教职工代表大会代表以学院、系（所、年级）、室（组）

等为单位，由教职工直接选举产生。

教职工代表大会代表可以按照选举单位组成代表团（组），并推选出团（组）长。

第十一条 教职工代表大会代表以教师为主体，教师代表不得低于代表总数的60%，并应当根据学校实际，保证一定比例的青年教师和女教师代表。民族地区的学校和民族学校，少数民族代表应当占有一定比例。

教职工代表大会代表接受选举单位教职工的监督。

第十二条 教职工代表大会代表实行任期制，任期3年或5年，可以连选连任。

选举、更换和撤换教职工代表大会代表的程序，由学校根据相关规定，并结合本校实际予以明确规定。

第十三条 教职工代表大会代表享有以下权利：

（一）在教职工代表大会上享有选举权、被选举权和表决权；

（二）在教职工代表大会上充分发表意见和建议；

（三）提出提案并对提案办理情况进行询问和监督；

（四）就学校工作向学校领导和学校有关机构反映教职工的意见和要求；

（五）因履行职责受到压制、阻挠或者打击报复时，向有关部门提出申诉和控告。

第十四条 教职工代表大会代表应当履行以下义务：

（一）努力学习并认真执行党的路线方针政策、国家的法律法规、党和国家关于教育改革发展的方针政策，不断提高思想政治素质和参与民主管理的能力；

（二）积极参加教职工代表大会的活动，认真宣传、贯彻教职工代表大会决议，完成教职工代表大会交给的任务；

（三）办事公正，为人正派，密切联系教职工群众，如实反映群众的意见和要求；

（四）及时向本部门教职工通报参加教职工代表大会活动和履行职责的情况，接受评议监督；

（五）自觉遵守学校的规章制度和职业道德，提高业务水平，做好本职工作。

第四章　组织规则

第十五条　有教职工80人以上的学校，应当建立教职工代表大会制度；不足80人的学校，建立由全体教职工直接参加的教职工大会制度。

学校根据实际情况，可在其内部单位建立教职工代表大会制度或者教职工大会制度，在该范围内行使相应的职权。

教职工大会制度的性质、领导关系、组织制度、运行规则等，与教职工代表大会制度相同。

第十六条　学校应当遵守教职工代表大会的组织规则，定期召开教职工代表大会，支持教职工代表大会的活动。

第十七条　教职工代表大会每学年至少召开一次。

遇有重大事项，经学校、学校工会或1/3以上教职工代表大会代表提议，可以临时召开教职工代表大会。

第十八条　教职工代表大会每3年或5年为一届。期满应当进行换届选举。

第十九条　教职工代表大会须有2/3以上教职工代表大会代表出席。

教职工代表大会根据需要可以邀请离退休教职工等非教职工代表大会代表，作为特邀或列席代表参加会议。特邀或列席代表在教职工代表大会上不具有选举权、被选举权和表决权。

第二十条　教职工代表大会的议题，应当根据学校的中心工作、教职工的普遍要求，由学校工会提交学校研究确定，并提请教职工代表大会表决通过。

第二十一条 教职工代表大会的选举和表决，须经教职工代表大会代表总数半数以上通过方为有效。

第二十二条 教职工代表大会在教职工代表大会代表中推选人员，组成主席团主持会议。

主席团应当由学校各方面人员组成，其中包括学校、学校工会主要领导，教师代表应占多数。

第二十三条 教职工代表大会可根据实际情况和需要设立若干专门委员会（工作小组），完成教职工代表大会交办的有关任务。专门委员会（工作小组）对教职工代表大会负责。

第二十四条 教职工代表大会根据实际情况和需要，可以在教职工代表大会代表中选举产生执行委员会。执行委员会中，教师代表应占多数。

教职工代表大会闭会期间，遇有急需解决的重要问题，可由执行委员会联系有关专门委员会（工作小组）与学校有关机构协商处理。其结果向下一次教职工代表大会报告。

第五章 工作机构

第二十五条 学校工会为教职工代表大会的工作机构。

第二十六条 学校工会承担以下与教职工代表大会相关的工作职责：

（一）做好教职工代表大会的筹备工作和会务工作，组织选举教职工代表大会代表，征集和整理提案，提出会议议题、方案和主席团建议人选；

（二）教职工代表大会闭会期间，组织传达贯彻教职工代表大会精神，督促检查教职工代表大会决议的落实，组织各代表团（组）及专门委员会（工作小组）的活动，主持召开教职工代表团（组）长、专门委员会（工作小组）负责人联席会议；

（三）组织教职工代表大会代表的培训，接受和处理教职工代表大会代表的建议和申诉；

（四）就学校民主管理工作向学校党组织汇报，与学校沟通；

（五）完成教职工代表大会委托的其他任务。

选举产生执行委员会的学校，其执行委员会根据教职工代表大会的授权，可承担前款有关职责。

第二十七条 学校应当为学校工会承担教职工代表大会工作机构的职责提供必要的工作条件和经费保障。

第六章 附 则

第二十八条 学校可以在其下属单位建立教职工代表大会制度，在该单位范围内实行民主管理和监督。

第二十九条 省、自治区、直辖市人民政府教育行政部门，可以与本地区有关组织联合制定本行政区域内学校教职工代表大会的相关规定。

有关学校根据本规定和所在地区的相关规定，可以制定相应的教职工代表大会或者教职工大会的实施办法。

第三十条 本规定自2012年1月1日起施行。1985年1月28日教育部、原中国教育工会印发的《高等学校教职工代表大会暂行条例》同时废止。

参考文献

[1] 赵振洲、庄健编著：《“职代会”提案工作流程与规范及案例实务》，北京：人民日报出版社，2019 年。

[2] 陈观平主编：《工会提案工作实务指南——职代会提案工作的处理程序与写作方法》，北京：红旗出版社，2018 年。

[3] 武兵、宋颖编著：《职代会提案工作小帮手》，北京：中国工人出版社，2017 年。

[4] 戴庆宝著：《如何做好职代会提案工作》，北京：中国工人出版社，2014 年。

[5] 王珍宝编著：《怎样当好职工代表——职工代表履职知识问答》（第 2 版），北京：中国工人出版社，2019 年。

[6] 张举、王慧编著：《怎样当好新时代职工代表》，北京：人民日报出版社，2019 年。

[7] 张举编著：《怎样当一名合格的职工代表》，北京：中国言实出版社，2016 年。

[8] 中华全国总工会民主管理部编写：《企业民主管理规定》，北京：中国工人出版社，2012 年。

[9] 李军燕编著：《职工代表培训教程》，北京：中国言实出版社，2015 年。

[10] 张宝刚著：《如何做一名合格的职工代表》，北京：中国工人出版社，2014 年。

[11] 张安顺编著：《怎样当好职工代表——新编职工代表培训教材》，北京：中国言实出版社，2014 年。

[12] 赵振洲、刘永青编著:《怎样当好一名职工代表》，北京：中国言实出版社，2012 年。

[13] 李玉赋主编：《基层工会组织建设与企业民主管理工作概论》，北京：中国工人出版社，2018 年。

[14] 中华全国总工会民主管理部编写:《职工代表培训教材》，北京：中国工人出版社，2015 年。

[15] 全国厂务公开协调小组办公室、中华全国总工会基层工作部:《百佳职工代表优秀提案汇编》，内部资料，2019 年。